U0022299

三民叢刊117

哲學思考漫步

劉述先著

三民書局印行

自序

劉述先

在《香港聯合報》寫「思考漫步」與「哲學文化」專欄，不知不覺已經兩年多了。每周寫八百字，向公眾介紹一些學術界的信息，也發表自己對於一些現代問題的看法，此外再加上了兩篇受邀請撰寫的專論。在這一百二十三篇短文之中，大多數時候我是用比較容易了解的文字向讀者傳達自己一貫的見解，但也用了相當篇幅發表了一些在他處從未發表過的見解。比較新穎的是一些對於現代西方思潮與知識、社會問題的回應，而我的基礎始終立足在對於我們自己的傳統的理解與反思之上。總的來說，我的專欄絕不牽就一般讀者的品味，我的希望是讀者能夠通過閱讀本欄而拓寬自己的視野，因為本欄所表達的信息，實息息相關於現代世界的問題，就我所知，頗得到一些知識分子的關注與共鳴。兩年多不是一個短時間，我的預定目標大致已經達到，現在應該是落幕的時候了。每周專欄寫到一九九四年年底為止。十分感謝《香港聯合報》給我機會做這樣的嘗試，並容許我結集在臺灣出版，讓臺灣的讀者也可以分享我在專欄裡所要傳達的信息。還要特別感謝丁望兄，是通過他的邀請和敦促，我才會寫下這一系列的文章。

一九九五、五、十一於香港中文大學

哲學思考漫步　目次

輯二 對於西方思潮的回應

輯三　對於中國傳統與問題的反思

輯四 對於現代知識與社會問題的回應

輯五 周易的功能統一觀

輯六 傳統智慧的闡釋

輯一

哲學家旅行記

哲學家旅行記

五月到六月間巴黎遠東學院的汪德邁教授邀請我去作一系列有關當代新儒家的演講。歐洲現在開始對這方面發生興趣，而我從來沒有在歐洲長待過，一九八八年才第一次去旅遊、開會，後來又去過兩次，也都是來去匆匆，這次有了這個機會，自然求之不得。我乾脆向學校請了兩個半月假，做傳統向現代乃至後現代轉化的研究。我的計畫是在巴黎待一個月，經西德到東德、捷克、匈牙利，然後由奧國回西德，再到美國待三個禮拜以後返港，環繞地球一周。

哲學家平常游心於抽象的觀念世界之中，有時也需要輔之以具體的形象觀察，所謂百聞不如一見，這才能夠進一步印證自己的一些想法。二十世紀初年，愛沙尼亞的凱薩林伯爵因蘇聯霸佔了三個波羅的海的小國而被迫去國，在柏林開過一間智慧學校。他曾研讀東方的典籍，然後到印度、中國等地旅行，寫《哲學家旅行記》，是一部膾炙人口的名著。他比較觀念與實際，發為一些深刻而有意味的議論。我缺少凱薩林的直覺和洞察力，也無意模仿他的寫作風格。但哲學家旅行，總有一些與一般人不同的視野，故襲用了他的書名，談一談我自己這一次旅行的觀感。

歐洲與新大陸不同，她也有悠久的傳統，這一點可以與背負了長久歷史的中國相比，但彼此的傳統顯示了十分不同的特色。法國的傳統是天主教，這由巴黎的建築物可以看得出來。巴黎許多馬路、地鐵站都是以聖者命名的，到處都是教堂，最負盛名的像聖母教堂，更是遊人集結之地。哥德式的建築尖頂高入雲霄，令人自生渺小之感，對於超越的精神力量油然而生一種震駭、膜拜之情。

西方的上帝是「純粹的超越」，祂創造世界，卻不是世界的一部分，世人要通過對於神子耶穌基督的信仰，才有得到贖罪和拯救的希望。中國的傳統卻不是這樣的，無論儒家道家都相信道流行在天地間。道是形而上的，器是形而下的，但道器相即，也可以說道是一種「內在的超越」。加拿大的秦家懿教授和我曾作一次座談介紹中國式的超越觀念。但汪德邁教授卻堅持超越便不可能同時是內在，由此可見各自傳統背後理念的差異。

一九九二、八、二十二

在巴黎的中國人

在巴黎不免碰到一些中國人。有趣的是，他們異口同聲地告訴我，出國之前不免把國外的情況理想化，但在法國住得越久，越感覺到他們的文化問題很大。一個根本的癥結點在西方文化尚爭，欲望不加節制，於是搞出好大麻煩。天主教的信仰也很難給人內心真正的滿足，知識分子去教堂的人數越來越少，很難找到安身立命之道。

法國傳統當然也有她的優點，他們著重人文，尊重人權，對於外面逃亡來的人幾乎來者不拒，八九民運失敗就收容了不少中國大陸的異議分子。但法國並沒有產生真正民族的大融和，而且階級之間的界限森嚴，難越雷池一步。中國人因為多數勤勞守規矩，警察不怎麼找麻煩，阿拉伯人就會受到歧視，被懷疑販毒或藏械者竟不免搜身之辱。在巴黎的少數民族人數越來越多，潛藏的隱憂是不可加以忽視的。

在巴黎我正好撞到六四，晚上在鐵塔對面的人權廣場有一個紀念儀式，民陣的主要人物如嚴家其、萬潤南、吾爾開希都來了，鄧麗君也出席，起初泣不成聲，根本唱不出歌來。參加的人數超過一兩千人，表示人心還沒忘記。中國人要走上民主的道路，還有好多地方要向西方學習。但也有一些中國學者要到國外才發現中國文化積極正面的影響與價值。一位華裔的社會學家受法國政府之託去調查華僑的行為，為什麼他們來了不很久生活就過得不錯，而懷疑他們與黑社會的關聯。原來他們有一種很鬆散的「義會」組織，成員是親戚朋友。譬如一家開餐館，一個新移民來做夥計，勤勞苦幹，一段時期之後，大家覺得他可靠，就湊分子幫他開店，連契約都不需要，有困難大家幫他解決，不久自己也做了老闆。這位學者少年時經歷文革，以為傳統都是壞的，現在回到廣東去做研究，發現原來舊的社團自有一套規範，如今全被共產黨摧毀了。村人被逼離鄉背井，卻反而在異域因受惠於傳統文化，很快就得以立足，相對於其他新移民族群而取得了優勢，這不是個很值得玩味的現象麼！據說巴黎現在有好幾萬溫州人，為了住宿便宜，新唐人街已移到城外去了。中國人的淘金夢固然令人可憫，但比之於蘇聯人民，政府把土地送給他們都不要，可見人民的主動性還沒有完全被剷除，這就是未來希望之所在。

一九九二、八、二十九

巴黎與外省

巴爾扎克寫小說分別巴黎與外省，這樣的分別現在還在某種程度下維持著。巴黎人到周末多到外地去度假，要是沒有遊客，巴黎就變成一座死城。巴黎城內交通方便，地鐵無遠弗屆，到處是名勝古蹟與博物館，實在是旅遊人的天堂。但我們待在巴黎的時間超過一個月，所以決定也到外地去觀光，但以一日能夠去回者為限。我們選定的兩個地點是亞威儂與布洛瓦。前者在歷史上曾經扮演重大的角色，教廷由羅馬撤離，在此地駐紮了一個時期，後者則有洛亞河畔規模最大的一個騎士古堡。中世紀一方面是教權，一方面是皇權，這兩方面最具有代表性，彼此之間又有千絲萬縷的關聯。我們不要忘記，西方民主是後起的產物，古代雅典的民主只是曇花一現，中世紀講君權神授，一直到近代產業革命以後，城市市民階級興起，才有一股新的力量可以與教權皇權抗衡。學術界現在還在熱烈討論市民社會的問題，探索現代民主形成的一些先決條件。

亞威儂留下的教皇遺址給人一種肅穆的感覺，這也難怪，因為它本是教士靈修之地。但教皇的氣派畢竟不同凡響。有死去的教皇埋骨在此，還可以看到他們的遺像。亞威儂的山頂花園則可以眺望龍河的景致，風光如畫。城內的商店因假日多半關閉，開的只有飲食店，住宅區闃無人煙，看不出尋找事業前途的年輕人怎麼能夠留在這樣的地方。布洛瓦的古堡色調完全不同，金碧輝煌，到處是耀眼的徽飾，大堂議事廳還可以使人追思往昔騎士聚會的雄風。

由巴黎到外地，我們坐的是子彈車，好像迄今為止德國還少有這樣先進的設施。據說英法海峽隧道通車，子彈車的服務會一直延伸到隧道口。但海峽的另一邊還沒有任何動靜，完全無意改變現狀，島國心態還在抗拒外來的影響，由此可見雙方意態的差別。子彈車快速而平穩，坐起來真是一種享受，但票價不菲，必須留座，且還得另外付手續費。一出巴黎，就看到滿眼青綠，歐洲人成天在叫嚷環境污染，但情況似比中國大陸還好得多。沿途有許多農田不種東西，據說是政府付錢給農民要他們這樣做。人口都集中在都市，因為留在鄉下得不到滿足感。而一個小鎮沒有了咖啡室與學校就宣布死亡。城鄉的差距越來越大，現代文明還不知要怎樣解決這一個問題。

一九九二、九、五

歌德在東德

在海德堡，德國友人告訴我，從文化的觀點看，柏林並不足觀，反而耶拿必須一行。我聽從了他們的意見，果真到耶拿去住了三晚。現時耶拿的大學以詩人席勒為名，歌德也和這間大學有極深的淵源。大學的植物園就是歌德設計的，歌德做教育部長的時候，對於這間大學支持不遺餘力。歌德有半個世紀長的時間在周圍附近活動，這裡真可以說是歌德的領域了。大學的範圍並不很大，與舊的市鎮接鄰，但文化氣氛濃厚，校園外圍靠街的草地上，到處是詩人、哲學家、科學家的塑像。耶拿又是浪漫主義的發源地，像許勒蓋爾兄弟、諾華利斯等人都在當地十分活躍。據說連哲學家黑格爾都與耶拿有些關係，許勒蓋爾的遺孀則嫁給了哲學家謝林。

我們利用耶拿做據點，到附近去觀光。儂堡的教堂裡面收藏的雕像，有別處無法找到的無價之寶；教堂在十一世紀首建，以後歷代都有增益，由天主教堂轉為基督教堂，石頭的結構有好多層，這樣的建築格式只怕也是稀有的了。我們又到瓈堡，這裡有種植各色各樣玫瑰的花園。季節湊巧，我們正好碰到繁花怒放，一生從沒見過這麼多盛開的玫瑰花，簡直有點透不過氣來；而由高處俯瞰沙爾河谷，風景秀麗，委實是賞心樂事。歌德常來的城堡就在附近，幽雅安靜。這使我想起朱熹在武夷，為什麼以前的詩哲那麼會找地方作他們的講學遊憩之所，現代人的倥傯可再也得不到這樣的樂趣了！

我們又去威瑪，這是起草憲法之地。歌德別業所在的公園保存得與他生前一樣，在樓上望出去正是當年歌德望出去同樣的景色。園裡有莎翁的雕像，看來一面神色安愉，另一面神色憂鬱，據說是英國以外第一個莎翁的雕像。在城裡歌德的住宅完整地保留著，裡面有歌德由義大利帶回來的雕塑，由此可見歌德心靈對外來文化是完全開放的。參觀時有一個青年人向我們解釋歌德留下的親筆書函，簡直如數家珍。鎮中央則有歌德與席勒的並肩立像。我問東德人，他們不是資產階級的詩人嗎？為何這樣小心保存他們的遺跡呢？他們說，這是我們文化的根源，我們可沒有什麼必要去以今非古。而我們這個有幾千年歷史文化的古國卻反而發生了文革，這不該讓我們深深地反省嗎？

一九九二、九、十二

萊比錫與德萊斯敦

在東德，萊比錫是僅次於柏林的第二大城，建築宏偉，街道寬闊。但它的範圍雖大，卻有電車網通行各地，交通方便，在總站並有機器售票的服務。我們在城中心逛，百貨商店與街邊上的攤子貨源充足，只要有錢就有東西買。馬克思大學就在鄰近，但現在沒有什麼人講馬克思，高樓上掛著長條標語籲人勿忘一個據說是民運的重要日子。與東德的知識分子談，我得到的印象是，在柏林圍牆倒塌後，第一個階段是萬眾歡騰，慶賀新得到的自由。第二個階段是掉落到絕望的深淵，東德的工業瀕臨崩潰的邊緣，試問現在誰還要買東德製造的汽車？能走的人都去了西德，剩下老弱無能之輩，簡直沒有一點希望。如今逐漸進入第三個階段，西德已經到了飽和狀態，近已有人才回流，下決心重建自己的家園，深信局勢雖然嚴峻，未來還是可以有所作為。

我們在東德曾經見過三K的標記，如今新納粹攬事，反對新移民湧入德國，究竟這是少數極端分子在興風作浪，儘管未可掉以輕心，大多數的德國人民還是理性的。他們咸認為當初是低估了東西統一後的問題，然而通過大家的努力，終必可以克服困難解決問題。

萊比錫是工商業大城市，並不是旅遊點。我們繼續往東行，到了靠近邊境的德萊斯敦。出乎我們意外的是，在東德便宜的住宿並不容易找，住酒店的花費不算低廉。在德萊斯敦我們住在全新的旅遊區，百分之一百的美國口味，有麥當勞漢堡包，甚至還有一家專門的史畢堡劇院。步行可以走到舊區。最宏偉的是茨溫格的宮殿，其規模幾不下於羅浮宮，特色是建築上面點綴著成百上千的巴洛克雕像，歌劇院就在隔鄰。武士的堡壘十分殘破，教堂也很破舊，但有一整堵牆的壁畫講述當地的歷史，到處都在修建，顯然有意要把德萊斯敦發展成為一個旅遊中心。

我們遇見一隊來自臺灣的阿公阿婆的旅行團，我的德國朋友卻埋怨沒錢到東方來旅遊，真是情況整個顛倒了過來。而旅遊的吸引力是看古蹟，不是看現代的工商業城市；但同時也需要現代的交通工具，吃、住、購物的方便，這是傳統與現代的一個結合點。要是東歐沒有古蹟看，不能通過旅遊換取外匯，那就更難走上現代化的方向。如何平衡傳統與現代，正是發展中國家一個重要的課題。

一九九二、九、十九

歐洲的問題

馬城條約九月二十日在法國公民投票，以微小的差數險勝通過，令支持歐洲一體化的人暫時鬆了一口氣。法國通過並不表示歐洲一體化在將來不會碰到嚴重的問題，卻至少阻止了它全面倒退的危機，免得右派的民族主義聲勢暴張，造成難以克服的困難。

本來對於歐洲一體化，是法國人支持最力；但後來東西德統一，德國在內政、外交兩方面都有獨立自主的傾向，而德國的經濟力量，引起法國人的疑慮，於是形勢逆轉，變成德國人比法國人更熱心支持歐洲一體化。平心而論，最近歐洲匯市的混亂，德國是要負一定責任的。她低估了東西德統一的困難，後來的形勢發展逼得她不得不採取高利率政策，把資金都吸往德國。丹麥首先發現問題，在六月二日公民投票拒絕了馬城條約，造成了震盪。現在問題變得越來越嚴重，弱勢的貨幣根本無法維持原來的匯率。雖然德國中央銀行已經宣布減息，義大利的里拉仍然要貶值，英鎊卻為了要維持身價，不惜一日之內加息兩次，還是無法阻止它的跌勢。如今英鎊宣布與歐洲匯率機制脫鈎，在市場上面，英鎊實際上已貶值百分之十，何時回返歐洲匯率機制尚在未定之天。

在歐洲坐火車旅行，經過傳統的國界從來沒檢查過證件，這說明共同市場的機制已經發生了一定的功效。但南斯拉夫問題發生，西歐卻束手無策，這表示光只有共市的經濟機制是不足夠的，必須有更進一步的整合，才能發揮更大的力量，這正是歐洲一體化未來的目標，不能因民族主義的保護政策而切斷了未來的生機。

德國友人和我討論到解決未來歐洲問題的策略，頗有意見上的分歧，一派意見主張分成幾個梯次，因為各國的文化、實際情況不同，不必勉強劃一處理，否則會造成困難。另一派則主張，文化的差異不是問題，只要大家說共同的經濟語言，有一定的監管程序，就可以納入同一體制，無須分成幾個不同的梯次。我比較傾向於後一派的意見，當前共市的十二個國家有完全不同的背景，也可以在同一個體制下運作，將來甚至可以擴大到東歐的一些國家。要緊的是必須超越狹隘的民族主義觀點，不訴之於非理性與武力，求同存異，才可望建造未來的新秩序。

一九九二、九、二十五

捷克的現代文學漫談

捷克的國勢雖弱，但她在歷史上曾經扮演過重要的角色，在文化上是個先進的國家。普拉克是現代文學藝術的一個重要發源地，卡夫卡更是現代文學的象徵。他的出生地就在普拉克舊城的中心，猶太區與之接鄰。他出身於一個中產的猶太家庭，過著十分正常的生活，實在想像不出來，這樣的環境怎麼會句搞出他這樣的一個怪人。他著名的短篇小說《變形》寫得活龍活現，突然之間一個人變成了甲蟲，切斷了與外界的一切連繫。《審判》、《堡壘》表現的是相同的感覺。人失落在一個徹底生疏的世界之中，封閉在自我之內，絕對地孤立無助。卡夫卡自己也知道自己瘋了，籲人不要出版他的遺作，那知出版後竟成為現代文學的濫觴。天才與瘋狂之間往往只有一線之隔，畫家梵谷是另一個明顯的例子。

我們剛到普拉克，友人就帶我們到作家協會去用午膳。這裡是文人騷客會聚之地，以前昆德拉、哈維爾就常在會所出現，與朋友們高談闊論。昆德拉恐怕是第一位把性和政治明白地連繫在一起的作家。在六〇年代尾，蘇聯坦克在隆隆聲中壓碎了捷克之春的希望的萌芽，正像一個粗暴的男子壓在一個柔弱的女子身上發洩獸慾，恣意蹂躪。他的《笑忘書》一開始就講了一個有名的真實故事，一位同志取下自己的皮帽戴在領袖的頭上以禦突來的風雪，後來他犯了錯誤而被處決，人們完全忘記他的存在，歷史性的相片上就只剩下了那頂皮帽。友人帶我們去看了事件發生的平臺，原來那就在卡夫卡生地的旁邊。捷克人的笑是有特別含意的，在強鄰壓境之下，他們決不可以硬來，勉強反抗，他們只有屈從，卻用幽默和笑來宣洩他們反抗的情緒。我們不能把這理解成為阿Q式的反應，因為捷克人沒有幻想，深切地明白自己的處境。魔鬼最喜歡笑，天使也不能不跟著笑，但他的笑是不自然的，醜樣的，而我們缺乏語言來分別這兩種含意完全不同的笑。

昆德拉的創作是根據他的捷克經驗，但他長期流放在法國，捷克友人說，他的東西已經逐漸在遷就西方的口味。哈維爾則是純粹捷克的，他在共黨當政時創作荒謬劇，得到群眾的喜愛和擁戴。他當總統之後發表演說，不只講現實政治，還講理想尊嚴，頗令人一新耳目，是全世界政治領袖之中絕無僅有的一位。

一九九二、十、二

普拉克的吸引力

歐洲城市之中，如果只許我挑選一個最喜愛的城市，我會挑選普拉克。它有悠久的歷史文化，經歷二次大戰卻沒有受到戰火的破壞，建築物完整如昔，各式各樣，爭奇鬥勝，不像現代建築那樣沒有味道。由城中心信步走去，到處可以觀賞流連，猶勝巴黎。友人告訴我們有一條皇路，以前皇族看歌劇，要坐馬車由皇宮即現在的總統府出發，穿越查理士大橋，經過現在開滿了精品店的狹窄的石子路，才可以到歌劇院。我們由城中心開始，沿著皇路往反方向走，不久就到河邊。查理士橋極負盛名，橋的兩端以及石頭欄杆上，每隔數步，就是一個巴洛克的雕像。橋上擠滿了旅遊客，有流浪的藝術家在曼聲歌唱，也有小販在兜售紀念品。捷克提倡民族藝術，木偶陶瓷，有各種精巧的小東西吸引旅遊客。城中心幾乎每隔一個街口，就有兌換外幣的服務，每一間的價格均稍有差別。這些是共產政權崩潰以後的新行業，竟像雨後春筍似地怒生出來。捷克據說還是很窮，人均收入不高，但走向市場經濟的道路，已是一個不容逆轉的趨勢。

普拉克到處是大大小小的博物館。總統府在高坡上，一系列的皇宮都是白石建築的，並不給與人古樸的感覺。遊人可以在外面參觀，而附近就有教堂和博物館。給我們印象最深刻的是河對面一間古老的修道院與教堂改建的博物館，裡面收藏了好多中世紀以及近代捷克畫家的繪畫，質素並不下於法國羅浮宮、奧賽收藏的名畫。反而是地鐵站出來外面看來規模最大的那間博物館，裡面只收藏一些岩石以及科技方面的展品，並不足觀。但由這間博物館出來，居高臨下望下去，倒是頗為壯觀。

規模宏大的廣場有著名的守護神像，還有殉難民運英雄的紀念點，現在還有人點香燭放在他們的遺像前面，表示追思的意思。共黨政府為了避免萬人集結的場面，挖空心思把廣場改建成為花園用作藉口頒下禁令，不准人群進入踐踏，如今卻成為市民遊客集結的中心點，這不又是歷史的弔詭麼！捷克如今面臨分裂危機，但捷克人與斯拉夫人傳統上一向和平友誼相處，相信不至於兵戎相見，並希望建立起一個和平分手的新典範。哈維爾現在雖然暫時下臺，但這並不是他政治生命的終結，分開以後他多半還會被選為捷克的新總統。

一九九二、十、九

布達佩斯的開放政策

匈牙利是東歐國家中間最早採取開放政策的，我們剛抵埠便嚐到了它的滋味。我們由普拉克搭夜車睡臥鋪到布達佩斯，火車進站時還不到八點鐘，已經有個體戶拿著相簿指指點點，向我們推銷住宿。早出的鳥兒得食，信然！一間雙人房只二千一百富林，折合二十七美金，離開中央火車站不遠，卻幽閉在高層，一點也不嘈雜。夫妻檔開著麵包車，把我們和美國來的一對年輕夫婦接到住所。我們丟下了行李，立刻就出去逛。先到堡壘，在高處眺望市景，得以一覽全貌。多瑙河中央有一個大島，佈置成一個大公園，環島有遊覽車服務。我們餓了就在公園的餐廳午膳，一人只吃一盤匈牙利式的燒牛肉飯，付款要一千七百富林，遊覽區消費的昂貴與住宿的便宜完全不成比例。然而我們卻看到一整團的小學生在這裡吃預訂的套餐，即使是打了折扣，還是表示市民有相當消費力。孩子們嘻嘻哈哈，與西方的兒童看不出有什麼大差別。

我們在市區逛，遇到一對中國夫婦。他們說去年此時來的話，滿坑滿谷都是中國人，上街都不用說匈牙利話。後來政府下令，只有正式獲得簽證的人才可以留下，成千上萬的中國人被遣返。他們這一對來自北京製造風箏的世家，應邀到布達佩斯來作示範表演。但匈牙利人太窮，買不起他們製作的大型風箏。然而他們靠賣小風箏就已經可以在匈牙利立足了。海外的中國人真是各行各業都有，令人感嘆。他們指點我們搭地鐵到行人街，車輛不准駛入。開的店泰半是我們在香港習見的那種，賣名牌的商品以及旅遊客鍾意的紀念品。我們對這些東西固然沒有興趣，可別忘了這裡乃是東歐，意義就不同了。

布達佩斯有規模宏大的公園，有湖可以蕩舟，寬闊的馬路把湖截成兩半，車輛來去，交通十分繁忙。地鐵的公園出口有廣場，有躍馬彎刀的騎士像，兩邊各有一排神情威猛的武士，想來是紀念當年頑抗十字軍的主力。在這裡我們才見到一些非西方文化的表徵。人應該珍惜自己的民族傳統，這不在話下。匈牙利聲明對鄰邦無領土野心，但會盡力保護僑民的政策是合理的。但民族主義無限制地發展卻會產生南斯拉夫式的亂局，竟要令人追懷狄托鐵腕統治下的日子，豈不哀哉！

一九九二、十、十六

缺乏反省的日本

在德國旅行，和德國的知識分子談，就可以感覺到，他們對二次大戰有相當真切的反省。相形之下，日本就完全缺乏這樣的反省。德國不只向以色列道了歉，而且做了一些具體的行動來減低彼此之間的仇恨。德國的青年要服兵役，有的青年厭戰，就可以用社會服務代替，其中一項可能性是到以色列去做社會服務。這是一種誠心的懺悔的表現，兩國的青年有交流的機會，自然可以減低彼此間的誤解與憤恨的情緒。

在日本，情形剛好相反，根本就不想讓青年人了解二次大戰的真相，竟然幾次三番修改歷史教科書歪曲事實，引起國際的抗議。日本的右派，像石原愼太郎尤其荒謬到極點，竟在《花花公子》雜誌上宣稱南京大屠殺是純然的虛構。這引起了強烈的反激。傳教士將當時拍攝的影帶在德國的檔案中找了出來，拿到日本放映，看到影帶的青年人簡直沒法相信，他們的上一代竟會幹下如此滅絕人性的獸行，然而直到現在還有許多日本人相信，二次大戰出兵是形勢所逼，不該由日本人負責，而堅決反對日皇向中國道歉。

當然有人會指出，最近新納粹肆虐，證明德國也有新右派，情況和日本也差不了多少。其實不然。德國是因為低估了東西德統一的困難，沒有作出適當的回應，以至新移民來，立即可以取得社會福利的保障，而德國的老百姓反而受到失業的威脅，不免引起反激，成為孕育納粹的溫床。但這畢竟是一小撮人鬧事，德國的高層絕沒有擁護納粹思想的人物。日本的情況則迥然有異。日本是單一民族的國家，根本就沒有新移民的問題，然而右派的力量雄厚，朝野都爭著向之送秋波，有許多現役的政府官員還甘冒輿論的大不韙，到靖國神社去參拜祭祀亡靈。情況與德國有本質上的分別。

當然這並不是說，德國人的天性與日本人不同，更願意作深刻的反省，而是有一些外在客觀的條件逼著他們這樣做，像以色列到現在還有人在全球追蹤漏網的納粹，要將他們繩之以法。而國民政府卻為了要剿共而對日本「以德報怨」，中共則為了要爭取正統而迅速與日本簽訂和約，如今更為了經濟利益熱切地邀請日皇訪華。但民間仇日、索賠的情結未解，日本不自動道歉，作出合理的賠償，就不可能在亞洲政治上扮演更重要的角色，現在是日本該好好自省的時刻了！

一九九二、十、二十三

音樂之都維也納

維也納的馬路寬闊，不利於行走。但城中心有環形電車道與地鐵銜接，坐電車可以隨時下來流連，不至於太累。維也納真不愧為音樂之都，到處以音樂家命名。我們按圖索驥，找到了紀念莫札特、貝多芬、舒伯特、史特勞斯的小公園或雕像。令人驚奇的是，由莫扎特到布拉姆斯，間隔那麼短的時間和距離，創造了那麼美妙的音樂，永垂不朽，這不謂之為奇蹟而不可得。坦白地說，我雖然相信人權是平等的，卻決不相信人的成就是平等的。古典音樂之所以為古典是有它的理由的，流行音樂幾年一變，往往留不下半點痕跡，古典音樂的演奏卻歷久不衰，這不可能是完全偶然的結果。當然我們不能只聽古典音樂，隨著心情的改變，有時也要聽輕音樂、爵士樂，甚至熱門音樂。多元化的要求是應該肯定的，但我們決不能把流行音樂與古典音樂放在同一個層次上。

文學的古典也適用同樣的理論效果。這使得我不能接受當前流行的激進的多文化主義的觀點，把一切都一體拉平，而採取了價值相對主義的看法。如果一切都無分軒輊，那就扼殺了我們向好的學習以及向上追求的決心，結果不免自誤。這是多元主義的一種最壞的解釋，不足為人取信。人要立足自己的傳統，吸收別人的優點，這才能夠收到交流之效，創造出前所未有的光輝。

維也納的寵兒始終是莫札特，不只他的紀念公園維持得最好，晚上有音樂會，現在優秀的青年音樂家，穿著莫札特時代的服飾，演奏他的音樂，讓人度過十分愉快的一晚。毫無疑問莫札特是天才，他那麼年輕就去世，卻給我們留下了這麼多美妙神奇的作品。其實他的天才還是建築在努力的基礎之上的。他已經熟悉他的時代的各種作曲方法而加以創新。當然由現在的觀點看，他的音樂的多樣性還是不足，過分優美、明快、輕巧、愉悅，缺少貝多芬的莊嚴與凝重。由這裡可以看到莫札特的限制。其實他的一生是個悲劇，真正是燈盡油乾而死，然而我們卻不能由他的音樂體會到這種悲劇性。也許他真是上帝的工具讓他把天上的清音帶到人間，而這就是他的命運。

一九九二、十、三十

旅遊聖地—薩茲堡

薩茲堡是莫札特的出生地。新城有紀念館，其實只是當年的一個射擊俱樂部，他偶爾去一次，裡面根本沒有東西可看。一定要過橋到舊城，莫札特出世的房屋還保留著，並與另屋打通，保存了當時的傢私與用具，可以了解市民生活的風貌。莫札特的父親是音樂教授，他著作的教材印成書，現在還可以看到；是經過他的精心的培養，才造就了這一位不世出的天才。紀念館陳列了不少同時代演出的莫札特歌劇像《魔笛》、《唐璜》的舞臺設計與造型。我們為了嚐新，看了《魔笛》的木偶戲，錄音一流，舞臺效果也不差，是個值得嘗試的經驗。

薩茲堡的吸引力遠不只在它是莫札特的出生地。原來它的領主的後人很有眼光，一早就想把薩茲堡轉成一個旅遊勝地。薩茲堡本來是個買賣鹽的集散地因而得名。穿越市內的河水清澈，這已是今日歐洲難得一見的景象，像藍色的多瑙河早已是歷史的陳跡，只剩下了灰黑色的多瑙河。薩茲堡附近還有好多大大小小美麗的湖泊，自然的風景秀逸出塵。正好《仙樂飄飄處處聞》選擇了薩茲堡作為拍攝的地點，通過傳媒的渲染，果然實現了薩茲堡成為旅遊勝地的夢想。每年在薩茲堡舉行音樂節，幾年以前就得定位，否則根本沒有落腳之處。來薩茲堡旅遊的人數竟然超過維也納，這是受惠於它的特殊的人文以及自然的條件。

薩茲堡市內以及附近有許多庭園與建築，有它們的特別的風味和吸引力。據悉薩茲堡的大主教為他的情婦在市內建造了規模宏偉而設計精緻的花園。最有趣的是附近有一個水宮，大主教有一次邀請市內所有的仕紳淑女穿著盛裝來參加一個派對，那知突然之間水龍齊發，人人都淋成落湯雞，狼狽不堪，大主教卻樂不可支。這樣的精神領袖究竟有多少精神在他身上實在令人懷疑！電影的許多鏡頭就是在這一類的庭園建築中拍攝的。可惜電影完全是虛構的情節，男爵根本就不愛瑪利亞，後來逃亡到美國以後終於離異。

薩茲堡的堡壘陳列了由中世紀到現代的兵器也很有特色。堡壘與城堡不同，它只是個軍事據點，不像城堡附有莊園，有家眷農民居住在內。德國朋友說奧國人好戰，希特勒就是在奧國發跡的，這也是一個有趣的觀察，值得一誌。

一九九二、十一、六

海德堡的文化氣息

海德堡是個中型城市，舊城依江而建。由於建材是就地取材的關係，多數的建築物呈赭紅色，成為舊城統一的色調。當地的友人替我們在舊城中心的大外衣街找到一家衛瑟旅館，二樓小小一間雙人房，洗澡間廁所在外面，只要八十馬克一晚，還供應早餐。大哲學家高德美也把他的客人安置在這裡，鬧區之中卻並不感到那麼喧鬧，情況不壞。出門走兩步路就到大街，其實只是很狹的一條街道，只許行人行走。附近有教堂、博物館、歌劇院、精品店、飲食店，正是遊人會集之地。海德堡大學的建築物就散列在旁街之內，並沒有獨立的校園。

海德堡大學本來是哲學的重鎮，但自從海德格的弟子解釋學名家高德美退休以後，乏人領軍，已經失去昔日的光彩。這次我在漢學系作一次有關當代新儒家的演講，有幾十人來聽講，作家龍應台也在漢學系兼課，講完學生猛敲桌板，表示讚許的意思。有幾位年輕的先生留下來繼續討論，他們的中文程度很好，學力紮實，思想縝密，有的更有哲學訓練，提的問題比較深刻，譬如「理性」一詞，東西涵義各異，不許隨意滑轉，否則容易滋生誤解。

一連幾天，我和德國友人談哲學，談文化，談藝術，談歐洲當前的情勢。他們帶我們到附近的小餐館去用餐，有花樹的後園，大學的同仁在那裡高談闊論，這正是當年韋伯等人會聚的地方，真是充滿了文化的氣息。由舊城步行過橋，有一條蛇形的蜿蜒小徑，攀緣而上，就可以到哲學家之路。那裡有寫「上帝之隱退」的詩哲荷德林的紀念碑。路只一丈寬，依山傍河，綠蔭覆蓋，走一段就有眺望點，可以看到對岸古堡以及舊城的景致。我們走哲學家之路那一天剛好遇到雨，在雨中走了兩個小時，極盡浪漫之能事。

海德堡的古堡外觀殘破，要買門票進去，倒也頗有可觀。海德堡的王公多是酒囊飯袋，鮮有政績可言。有一位王公的造像腰大十圍，想必是寫實的了。堡內有特製的酒桶，有兩層樓那麼高，還有管子通到小教堂，有儀式時都可以吮酒為樂。海德堡的腓特烈娶了英國的伊利莎白，生了幾個兒女，後來竟為繼承權的問題打了三十年戰爭，人的愚蠢實在是不可及。

一九九二、十一、二十八

教堂的精神之旅

這次歐遊不知看了多少教堂，真是多彩多姿，但每每只是走馬觀花，而且自己素養不足，談不上有什麼心得。在海德堡，我的朋友哈都可以稱得上是一位怪傑。他不適合一般的學院生活，自己創辦文化交流研究所，以溝通各大精神傳統為職志，可惜絀於經費，難以大展鴻圖。他認為現代兩項最大的成就乃是科技與神學，他與馬賽爾、海德格、高德美等大師都有密切的關係。這回他特意抽出一天時間，驅車帶我們作精神之旅。

我們先到洛許，外貌是個不起眼的小鎮，卻可以找到遺跡，是查理曼大帝聚會諸侯之地。渦姆斯因馬丁·路德而聞名於世，那裡有一間天主教建造起來贈送給基督教的教堂。後來我們才知道兩種教堂建築方式的一個主要差異在，天主教因為注重儀式，所以禮壇的規模宏大，基督教只佈道，講壇需要的空間小，裝飾佈置也就越來越沒有那麼講究了。更特別的是，我們還去看了猶太人的聚會所。這是當年大師拉昔寫他的經文釋義的地方，外人入內也要戴上小帽表示崇敬的意思。

邊上的危樓下有深井，沿著古舊的樓梯下去，涼氣襲人，頭腦卻趨清醒，這是猶太人極為神聖的一個地方。還有一個神聖的地點是猶太的墓園，由最早極為簡陋的墳墓到後世頗為鋪張的佳城，前後時間超越一千年之久。在一些聖者的墓前還有人留了記號祈福許願，這是長久以來留下的習慣。我們最喜歡的反倒是古老單純的那種寧靜肅穆的氣氛。

我們又去看了史派耶的大教堂，除了門口有後世王公加上的巴洛克的雕像有點不倫不類之外，現在負責監修的藝術家卻能體會古人遺意。裡面一進又一進，教堂原來是羅馬人依古代遺下的建築改造的，後來天主教又再加以改造，建築規模宏偉，色調單純，雍容大方，絕不需要後世的誇張的浮飾，卻更能表達一種更深刻的宗教的感情，委實令我們嘆為觀止。照哈都的理解，原始猶太教的身心決非隔離的，後來諾斯替的異端才劃分靈肉，護教派雖殲滅了這異端，遺留的毒素卻扭曲了日後西方的思想。歐洲的經驗並不是可以普遍化的，故必須平等尊重世界不同的傳統，而不可肆意加以破壞。

一九九二、十二、五

萊茵河一日遊

去歐洲之前就得預先買好歐洲派司，這才能夠以便宜的價錢坐頭等車，以免擠迫之苦。歐洲派司還有一項功能，就是有的地段可以用來坐船，這又是額外的好處。我們特地留了一天派司，作萊茵河一日遊。由海德堡一早出發，坐快車到柯布蘭茨，回程逆流而上，坐船到坪根，轉搭火車回海德堡，都不需要另外付錢。

我們中午十二點半登舟，晚上六點下船。一路上看兩岸的風景，古堡、市鎮，品鑑建築風格，簡直是目不暇接。船上正好遇到一群香港大學生作畢業旅行，談笑頗不寂寞。美中不足的是，由於時間不足，沒法沿途登岸上去賞玩。但我們在歐洲待了一段時間，已經有了一個一般性的概念。萊茵河兩岸所以有這麼多東西可看，正是因為德國很遲才統一的緣故。到處都是小的公侯領主，各建堡壘市鎮，互相爭衡，甚至還有強盜男爵那樣的傳奇故事。一直到今天，由歐洲的小市鎮還可以看到舊日的風貌，可見歐洲的歷史還沒有完全過去，依然活在現實之中。到了俾斯麥的時代，德國突然湧現了一股統一的浪潮，民族主義勃興，對於鄰邦構成嚴重的威脅。晚近共產主義衰退，民族主義抬頭，造成蘇聯東歐動盪的時局，不免令人慨嘆！

由於太陽並不很猛，多數時間我們都留在甲板上，只午餐時下去用膳，由玻璃窗看出去，河水洶湧而來，反倒感覺目奪神搖。中間經過著名的妖女岩，據說以前舟子沉迷於妖女的歌聲而葬身洪流之內。船上播放這首有名的歌曲，大家曼聲相和。但機器輪船行舟，水流雖較前湍急，並沒有險峻的感覺，想像將來在長江三峽行舟，大概也會變成這樣。由此使我有了一個感想，俗語所謂「人傑地靈」要四個字一口氣讀下去才對，正因為人傑，所以才地靈，要不是海涅的詩譜成歌曲，這頑岩只是河岸一邊的山景，更因科技的發達而對人失去了威脅力，神話時代留下的情操又怎能永繼呢？坪根岸邊有老鼠塔，傳說中有土豪多行不義，後來竟被成群的老鼠活活咬死，遭了報應。由坪根捨舟登陸，由於只有慢車，幾經周折，才回到海德堡，已是燈火闌珊的時分了。

一九九二、十二、十二

歐洲的嚴峻情勢

我們七月初離開歐洲，那時已經有一些麻煩的跡象，如法國農夫阻截交通之類，但情勢的嚴峻還未形著。我們在巴黎、布拉格兩遇澳洲的丘垂亮教授，他對於那種過分頌揚亞洲的言論頗不以為然，他認為歐洲人的教育程度、文化素養高，世界的未來將在歐洲。現在看來，歐洲有歐洲的問題，未必可以那樣樂觀。

毫無疑問，歐洲共同體是發揮了作用，西歐各國傳統的仇恨減低，邊界打開，的確創造了過去無法想像的新境界。但在政治軍事上，共同體缺少統一的想法和做法，南斯拉夫的亂局簡直束手無策，就充分地暴露了它的弱點。歐洲要往統一的路走去，實在是荊棘滿途，光是貨幣統一，就已出現了難以克服的難題。

問題的根本癥結在，蘇東波的形勢轉變得太快，西德顯然低估了東西德統一的困難，未能採取果斷的手段應變，引致新納粹肆虐，造成了社會的不安與騷亂。東德經濟的脆弱遠遠超過預期，人民失業率偏高，悲觀的情緒瀰漫，正是培養新納粹的溫床。

是善待難民，進入德境即可以接受救濟，一直到經過甄別手續遣返原居地為止，曠日廢時，消耗資源。香港人因為有越南船民的經驗，最能夠了解這一類的困境。光人道的理想是不切實際的，德國的極右派竟認為政府對吉普賽人、土耳其人比對國人還好，於是訴之於暴力的手段而釀成慘劇。德國現在已循立法途徑尋求紓解這一困境的方案，亡羊補牢，到底大多數的德國人民是理性的，或者不至於發展成為一個不可收拾的局面罷，但情勢的嚴峻仍不能不令人擔憂！

正因為德國需要大量資金重整東德、援助蘇聯，拒絕放棄高利率政策，使馬克成為強勢貨幣，逼使英鎊脫鈎。而馬城條約在英國僅以些微票數通過，難成氣勢；馬卓安的政府還被捲入售武醜聞，聲望低落，不能推動歐洲統一大業。適於此時美歐商戰幾乎一觸即發，如今關貿協定雖然在期限之前暫時得到妥協，但法國農夫誓反他們認為無法接受的不公平協議。由此可見，歐洲還陷在一個很不利的局面之中，美日的經濟也都不景氣，看來這樣的局面還會維持一段時期，暫時難以找到出路。

一九九二、十二、十九

華府的博物館

由歐洲到美國，出杜勒斯機場，寬廣的高速公路，住宅多花園平房，與歐洲大異其趣。美國所提供的是現代科技的方便，卻缺少了歐洲多彩多姿的文化傳統和情趣。華府是舊遊之地，白宮、國會、傑弗遜、林肯的紀念碑都瞻仰過了，也無意開幾個小時的汽車去參觀門羅的莊園。我們只是待在親戚家裡休養生息，令我們意外的是，華府郊區的中國餐館，無論是北京、廣東、四川館，都是價廉物美，感覺上猶勝洛杉磯，在異域能夠得到這樣的享受，也就心滿意足了。

休息了幾天，不覺靜極思動，由捷運系統去華府，地鐵站石塊鋼條，以前的記憶模糊了，比紐約的地鐵整潔得多，有一點現代氣息。華府主要的博物館多屬於史密斯桑尼亞系統，密集在華盛頓紀念碑附近。我們主要的興趣在印象派與現代派的繪畫，華府的收藏還是有許多東西可看。中午在地下的餐廳用餐，很容易就可以消磨一整天。親戚特別帶我們去看了中國的瓷器展覽廳，展出的大多是清瓷，但挑選的多是素色的一套套瓷器，素雅大方，精緻絕倫，不是花俏的那一類，而燈光適中，看起來令人感到賞心悅目。或者是由於我們的偏見，總覺得中國的瓷器秀出群倫，我們的祖先確有他們的高雅的品味，在世界文化之林足可以佔一席地位。可惜的是後世的子孫不爭氣，不只故步自封，不求創新，連舊有的水準都不能維持，如今世界的瓷器市場，竟被日本人搶了一大部分過去，誠足令人慨嘆。

這次意外的收獲是到二十一街一間小博物館去看菲利浦氏的收藏。三樓有「芬蘭現代畫的重新發現」的特展，是為了紀念芬蘭獨立七十五周年的展出。有好多幅女畫家海倫・舒婕芙貝克的繪畫，畫出了北歐人特有的孤獨的靜趣。二樓收了許多現代畫：克里、康定斯基、奧基甫、勞倫斯，這位收藏家頗有他自己的品味。轉過另一廂，意外看到好幾幅從來沒見過的梵谷的畫，也有幾幅塞尚，一幅雷諾瓦畫的在公園聚會的巨幅油畫特別有神彩。這個小博物館要收五塊美金的入場費，但我們都覺得十分值得，藝術的愛好者不可以錯過菲利浦氏的收藏。

一九九二、十二、二十六

普林斯頓的中國學社

每回我去美東，總是在普林斯頓附近盤桓，從來沒有正式去訪問一次。這次因為中央研究院新成立的文哲所，有些事需要和余英時兄相商，所以專程到普林斯頓一行。我由紐澤西機場出來，有專線小巴到校園。司機極為友善，沿途派發糖果，講述附近的風物與掌故，為了博取旅客的好感，得到一點小費。車子進到校園，首先經過一個小湖，原來是當年一位富豪為了子女要在這裡讀書游泳開出來的一個人工湖。普林斯頓的建築多是仿歐建造的，別有一番風味。附近的教堂可就沒有歐洲那麼多彩多姿了。

八九民運大陸許多知識分子流亡出來，英時兄捐了一筆款子，幫助一些人在這裡暫時得到一枝之棲，反思六四以及中國的經驗，作一些研究，並學習西方的文化，以後再謀其他出路。我來的時候人數已經減少很多，他們組織了一個中國學社，辦了一個雜誌《民主中國》，我被邀向他們講述遊東歐的經驗，互相切磋，交換一下彼此的意見。

座談有二十多位學者參加，包括劉賓雁、林培瑞、蘇曉康、蘇煒等人，柴玲不在校園，沒有見到。我強調在東歐所見所聞，慢慢走向開放自由，市場經濟的道路，決不可能再走回頭路，引起了大家的共鳴。我趁機提出兩個大問題，徵取他們的意見。一則是中國的情況究竟與東歐有什麼不同？為何竟可以抗拒蘇東波的侵襲，還在搞四個堅持？另一則是現在看來大陸的政權還會繼續維持一段時期，海外的民運分子究竟能夠做些什麼呢？對於第一個問題大家意見雖不完全一致，卻也有了一些共識。蘇東波的亂象反而多少幫忙大陸得以安定一個時期，但大陸事實上已有一些根本的變化，譬如中央權力減弱，地方勢力增強，開放的趨勢一樣不會逆轉。至於海外民運分子，將來能夠回去掌權的機會不大，目前的情形則只有苦撐待變。大家還特別提到民運分子的操守問題，表現得太不堪就會造成嚴重的損害，所以必須自律。而現在則必須努力培養自己的見識與學問。我的兩位弄中國思想史的朋友，金春峰與劉笑敢，本來是研究漢代與先秦思想的，現在也參加現代思想的研究。我答應了作他們的顧問，現在還不時收到他們寄來的資料。

一九九三、一、三

芝加哥的社會心理研究中心

由於以往我長期在南伊利諾大學執教，常常有機會北上開會，芝加哥乃是舊遊之地，應該不那麼陌生。但移居香港不覺已經超過十年，變化還是很大。這次我是芝加哥的社會心理研究中心的客人，他們把我安置在芝加哥大學附近一間大廈的公寓裡，步行五分鐘就可以到密西根湖畔。這個湖幅員遼闊，一望無際，簡直是個內海。以前據報湖水嚴重污染，魚類不能生存，幾乎成為死湖。近年來市政府花了大筆錢治理污染，取得成效。如今水色明媚，可以下去游泳，白天有救生員當值，晚上也有些藝高膽大的人自行下水。我可是個旱鴨子，沒法享受這樣的樂趣。晚上由高處眺望湖景，別是一番風味。

社會心理研究中心的主持人李湛愍博士，是華裔美籍學者。他自幼生長在美國，在芝加哥大學取得學位之後就負責這一個中心的行政職務。中心的經費由洛克菲勒一類的大基金會支持，每年有若干博士後研究的名額，他們又不斷舉行工作會議，向世界各地邀請學者，討論一些有重要性的論題。他們出版的學報叫做《公共事務》。他的夫人查建英女士是一位作家，也是他最得力的助手。他們九一年到中文大學來訪問，希望與我們建立較密切的交流關係，九二年底到中大開一個有關「文化批評」的國際會議，請了像查理士．泰勒那樣的名家來與會。我們希望對他們的運作有進一步的了解，正好今年七月他們有一個討論當前的熱門題目「市民社會」的工作會議，我恰於此時在美國，於是邀請我來作觀察員。

他們的工作會議通常先發一批閱讀資料，然後各提論文，互相攻錯，修改定稿之後編成論文集出版，過去出版的論文集有很高的水準。這次的主講是美國中年的學者卡爾杭教授，他剛出版一部討論哈柏瑪斯思想的大著，聲譽鵲起。這次與會的有英、美、蘇聯、印度、香港、臺灣來的學者，會中激起不少火花。時下蘇聯有全新的發展，希望用哈柏瑪斯的溝通理論來理解這樣的情況。臺灣來的青年的激進派都已經進入後現代，反對這類西歐中心觀念的宰制。我也略作觀察，中國傳統文化在民間是有一些動力，但與黑格爾、馬克思的市民社會拉不上關係。現在來自世界各地好幾十位學者正在香港開會，是香港文化界的一件盛事。

一九九三、一、八

兩代間的對話

我們去年七月在美國，最後一站是洛杉磯。九二年年底在中大開「文化批評」的國際會議，加大洛杉磯分校也是贊助單位之一，負責的連絡人是李歐梵，但我們在芝加哥見了面，這次在洛杉磯就變成了純家庭的聚會。大兒子豁夫今年剛由加大取得社會心理學的博士學位，即將到佛羅里達州去做博士後研究。他本來是學電腦的，在休斯航空公司做人造衛星的模擬研究，後來才改行讀社會心理學。弟弟杰夫比他小八歲，更是一個妙人。他由加大柏克萊分校畢業，現在洛杉磯分校專攻戲劇，正在讀碩士學位。他讀大學時課業成績優良，卻對理工科沒有興趣，組織了一個風水劇社，自編自導自演自己搞宣傳。同學投資了兩千美元在舊金山演出他的戲劇《現在又怎麼樣？》居然把本錢還賺了回來。

每個人免不了受自己家庭背景的影響。我一輩子搞哲學，內人安雲在家，有時翻譯文學作品。孩子們要學什麼，我們從來不加干預，只把基礎打好，以後可以作自由的選擇。那知他們對學醫、學理工、學法律、學商完全沒有興趣。老大異想天開，學電腦是一門實用性的技術用來餬口，另外選的是寫作的課程，居然利用閒暇寫了一部小說，希望能夠找到出版的機會。他後來走進學術圈，是為了找一份自由職業，進大學教書賺錢比較少，似乎是一條比較安全的道路，那知現在卻不容易找到有可能得到永久聘任的教職。而弟弟走的是一條更危險的道路，搞得不好說不定要做挨餓的藝術家。他們留在家裡讀中學時功課忙碌，都是安雲盡心照管他們，我一向聽任他們自生自滅，沒有什麼交流，小的時候他們都對我的權威性格有很強的反感，那知現在都走上了文科和社會科學的道路。

轉眼他們已經成人，這兩年見面和我大談哲學。我翻閱了豁夫論「樣板」的博士論文，他的理論架構，既不取決定論，也不贊成過分強調理論的作用而漫無歸止，恰和我的思想若合符節。杰夫則有志創作戲劇表達華裔美人的情懷，他既不贊成無條件地接受白人的價值，也反對相對主義，指導原則很接近我常說的「理一分殊」之旨。他們都有自己的獨立思考和道路，卻在無意之中與我有許多契合之處，令我感到欣慰。

一九九三、一、十六

知識移植與應用

繞了地球一周，返港之後，立刻參加友人杜祖貽教授主持的社會科學知識的移植與應用的研討會。祖貽和我在六〇年代中葉一同在南伊大讀博士班。得到學位之後，他到密西根大學去任教，我則留在南伊大哲學系。後來我回中大擔任哲學講座，他也回來做教育學院院長。年前他辭去教育學院的職務，仍舊返回密西根，但每個暑假都來中大繼續做研究工作。

祖貽雖在西方多年，接受純西方式的訓練，但他並不認為西方的一套可以放之四海而皆準。他在密西根帶了一批博士研究生，認真檢討西方有影響力的一些學說，像史金納的行為心理學、皮亞傑的認知心理學、寇博的發展心理學(特別在道德教育方面)，指出它們的限制所在。這些學說都假定它們是有普遍性的，其實問題很大。東方人的心理成長過程所經歷的階段與西方人不必盡同，所接受的判準也不必一樣。但現在西方是強勢文化，我們大學裡作社會科學的研究與教學的人員多數到西方留學，取得學位，然後就把在西方學來的一套原封不動地照搬過來，不加批評地依樣畫葫蘆，這不是可取的態度。

因此他號召社會科學家要覺察到知識的移植必須面對的問題。同時他因深受杜威的影響，相信學以致用，決不把知識當作純粹象牙塔裡的東西，沒有半點實用的價值。

前些時祖貽去臺北中央研究院訪問，說動了吳大猷院長往這個方向做研究的重要性。吳先生以八十高齡甫由大陸訪問回來，立即率隊來參加這個研討會，更約定將來去臺灣繼續開會，對這方面的問題作更進一步的探討。這個會主要的參與者應該是從事社會科學研究的學者，哲學家的參與只是助緣，有助於方法論方面的檢討。其實西方近年來本身的態度已經有了根本的變化。像柏森思的社會學一向被奉為圭臬，如今卻備受攻擊，就是因為它把西方白人的一套當作有普遍性的規範與架構看待，披著客觀的外衣，其實是帶了有色眼鏡，顯示了一定的偏向。現在流行多文化主義的觀點，乃對之加以迎頭痛擊。我個人認為，西方強勢文化的宰制性固然應當受到批評，在另一方面卻要提防，不可流入相對主義，而必須在普遍主義與特殊主義之外另覓第三條路，「理一分殊」的原則正是我們指路的南針。

一九九三、一一、二十二

輯二

對於西方思潮的回應

泰勒—論西方現代性的政治文化

這次由海外與海峽兩岸來了幾十位學者到香港來參加為期兩週的文化評論國際會議」，負責主辦的單位是芝加哥的社會心理研究中心與中文大學的人文學科研究所。十二月二十九日由查理士·泰勒作第一場主題演講，由我擔任主席，祖堯堂座無虛席，顯然是震於泰勒的大名而來聽講的。

泰勒曾著書論黑格爾，晚近的興趣在哲學人類學，新著《自我的源泉》一書，學力淵博，睿見深入。他曾在牛津任教，現在加拿大的麥基爾大學擔任政治哲學教授。他講西方現代性的政治文化，有四個重要的來源。首先是人權的觀念，這是由哲學家像洛克等所倡導的。其次是所謂的公共領域，回顧十八世紀的情況，他的看法與哈伯瑪斯大體不異，民意是由民間自然滋生出來的，統治者也不能隨意加以壓抑，而形成了相對獨立的領域。再其次是經濟因素，經濟本來似乎僅是個人賺錢的事，但亞當·史密斯指出，現代資本主義市場經濟自有一套規律，隱隱然有一無形之手，在操縱左右一切，不能隨便加以違逆。最後是全民主權，現代的民主國家與中世紀最大的差別在，不再相信君權神授，而要建立所謂民有、民治、民享的政府。

泰勒為我們展示了一幅相當複雜的圖畫，公私之間有一高度辯證性的關係，有些因素本來是私，卻成為了公事，而合情合理的公家卻又要保護人民的私隱權。現代的社會還是問題多多，我們在民間必須儘量努力開拓公共文化與公共空間。

在中大作最後總結時，泰勒表示，人類文化的成就是脆弱的，民主有各種各樣不同的形式，需要我們盡心盡力加以護持。他承認西方的模式不可以到處應用，故此他認為應該對西方現代性的政治文化作深入而細緻的研究；或者必須由與西方的對比之中才可以看到西方可以作出的貢獻。他希望香港人自己努力去爭取自己的公共空間，而新聞自由的護持是一個重要的關鍵。他很不贊成當前流行的傅柯、德里達一類提倡解構的觀點，表面上看他們向建制挑戰，思想很富有革命性；但他們不要理性，不肯定任何原則，根本缺乏定準，結果不單不能解決問題，反而在無形中為不合理的現狀做了幫兇，這是他礙難同意的。

一九九三、一一、三十

牟宗三先生論返本開新的意義

十二月三十日「文化評論國際會議」由我擔任第二場講座，宣讀論文〈由中國文化的系絡看民主的理想與實踐〉。一開始我對泰勒在頭一天所講的略作回應。他說文化的拓展要靠想像的因素，這是不錯的，中國人的想像走上了與西方十分不同的方向。中國是民本傳統，最富有象徵意味的是遠古的聖王。我直截了當地否定中國過去有現代西方式的民主思想。有人引〈禮運大同篇〉所謂「選賢與能」，來與西方思想附會。其實這裡所講的是聖王如堯舜為國家選拔賢能，與西方式的選舉制度絕無關涉。中國文化突顯出來的是責任意識，也沒有發展出權力制衡的觀念。但民本可以為走向民主提供間接的資源，只不過在朝廷威權政治的積習下，轉變要經歷好像脫胎換骨一樣的困難。

當代新儒家認定中國未來必須走上民主的方向，這一點與自由主義者並無二致。但自由主義者有全盤西化的傾向，新儒家則主張返本開新，反對完全揚棄豐富的民族文化的資源。

現在碩果僅存的新儒家大師牟宗三先生在三十年前曾經提出三統之說：我們必須繼承中國文化的道統，但必須開拓學統與政統以吸納西方的科學與民主。中國人無須接受西方基督教超人文的思想，也不要接受現代科學一層論的思想。中國自孔孟以來就發展了一種健康的人文主義的思想，必須好好加以護持。但傳統中國文化過分偏重道德，乃不免有所憾，所以有必要改變過去直貫的方式，而要取曲通的方式。

牟先生提出「良知的坎陷」的觀念來吸納西方的科學與民主，他認為是由於中國文化內在理念的要求，必須重視客觀化的問題，故必須開出科學與民主。牟先生的說法引起了許多討論與批評。論者每謂中國的文化傳統根本就開不出科學與民主，這完全誤解了牟先生的用意。牟先生並沒有說，中國不受西方的衝擊本身可以發展出科學與民主，而是說看到西方在這兩方面的成就，其實是中國哲學的理念所應涵的內容，故必須努力向西方學習。而我們中國要走上民主自由的道路，並不單純是受到西方的威逼而勉強作出這樣的選擇，事實上是理應作出努力以追求中國文化的自我擴大。近年來牟先生屢獲殊榮，港大頒贈榮譽學位，將在九五年出版的《劍橋哲學字典》包括一些條目講到他的思想，亞視做了他的專輯，二月號的《信報財經月刊》我有專文對牟先生的學術作全面性的報導，讀者可以參看。

一九九三、二、六

羅蒂的哲學無用論

今年中文大學逸夫書院邀請哲學家理查·羅蒂教授來作傑出學人講座。羅蒂是美國哲學界一位怪傑。他出身分析哲學的主流派，曾經任教普林斯頓，並當選美國哲學會東部分會會長。後來他對分析哲學不滿，受到歐洲哲學的吸引，這已經很不尋常了。那知近年來他對哲學整個不滿，認為文學是更好的表達的途徑。分析哲學的主流派把他當作叛徒，他乾脆由普林斯頓辭職，轉到維珍尼亞大學去當人文教授，轉瞬不覺已經十年。他的名著《哲學與自然之鏡》猛烈抨擊西方傳統以知識為自然的反映的那種觀點。此書早已被譯成中文，在大陸出版，最近大陸又翻譯、出版了他論後現代的論文集。據他自己告訴我，在美國，哲學系的學生根本不看他的書，只有學社會科學的人才看他和泰勒的書。

羅蒂原定一月六日到，那知因飛機延誤遲了一天抵埠。八日他來參加文化評論國際會議，下午並安排他在泰勒的總結評論後面發言。他一開口就引起了熱烈的爭辯，使得漸趨低沈的會場突然之間又回復了生氣。他說他不明白為什麼香港流行傅柯、德里達一流的東西。他對哲學的看法與黑格爾一樣，智慧女神明內娃（雅典娜的羅馬稱呼）的貓頭鷹只有當夜幕低垂時才在陰暗的夜色上塗抹上黑色，哲學永遠來得太遲。哲學的反省只能分析既往，不能打開未來。有謂二十一世紀是中國人的世紀，往未來看，需要的是詩人、革命家，哲學是無用的。羅蒂的言論很明顯地不合拍，與會者很有幾位引德里達為同調，於是引起了激烈的論辯。羅蒂攻擊德里達的解構仍不免墮入以往的窠臼：馬克思以為只要打倒資本主義，一切都好了，德里達則只要打倒理性中心主義，就沒有問題了。事實上人世的問題層出不窮，未來需要烏托邦式的遠景。泰勒也覺得德里達的做法助長了現勢的兇燄而不自覺。

我倒是從另一個角度看這個問題。羅蒂的發言使我想起二〇年代羅素的《中國問題》，西方有識之士都不希望中國人放棄自己優良的傳統而盲目地崇洋。兩千年前老子就說道可道非常道，中國人還不會理論建構，何須德里達的解構，但中國人也不需要羅蒂的烏托邦遠景，毛澤東已把中國害得夠慘了，我們得自己找出一條道路。

一九九三、二、十三

羅蒂論西方哲學的系譜

羅蒂抵埠之後，我們才匆匆與他商定為哲學系作一次演講，一月十二日他為我們講西方哲學的系譜。照他的說法，現在英美的分析哲學與歐陸的解釋學，一個以科學為模楷，一個以歷史為模楷，彼此積不相能，互相排斥，除了有共同的系譜以外，根本沒有任何共同點。他引述二十世紀初年，懷德海曾說西方後來的哲學不外乎乃是柏拉圖的注腳，他也用同樣的方式來講近現代的西方哲學。

他認為近代西方最重要的三個人物是：康德、達爾文與黑格爾。他最欣賞的是杜威，源出達爾文與黑格爾，卻反對康德。由康德衍生胡塞爾（現象學），黑格爾則衍生祁克果（存在主義、基督教）與馬克思，這些都是死路一條。由達爾文與黑格爾又衍生尼采，尼采與胡塞爾衍生早期的海德格，但後期的海德格才有他所謂的語言學的轉向，德里達正是海德格的門徒。歐洲哲學家都喜歡談現代性、後現代一類的問題，重視歷史，重視變遷，分析哲學家則絕口不談這些問題，只株守在他們接受的常規範圍以內搞他們的哲學分析。

照羅蒂的理解，分析哲學是康德的苗裔。在現代，首先是弗雷格、羅素、卡納普（維也納學派），傳到美國，先是塞勒斯、蒯因，然後是卜特南、戴維森，晚近他最欣賞的是鄧南、邁可・威廉士。羅素又影響到早期的維根斯坦（邏輯哲理論），但後期的維根斯坦（哲學研究）一樣產生了語言學的轉向。羅蒂本人正是孕育自這一傳統之內，他曾受學於卡納普，後來卻入室操戈，成為分析哲學的叛徒，晚近乃至對整個哲學不滿，幾乎要宣稱哲學之終結。至少分析哲學發展到現在，鄧南作有關意識之批判——這是羅蒂去港大演講的論題，威廉士作有關知識論的批判，使得分析哲學所研究的題材都為之解消，已經無以為繼。比較起來，歐洲哲學有一歷史的視域，情況似無分析哲學那樣的尷尬。

在結束時他說，德里達雖不弄分析哲學，但他卻對於當代西方哲學做了一個較好的總結。我提醒他，日前他還貶斥德里達，怎麼現在又做翻案文章？他說他只承認德里達歷史的總結，並不承認他能走向未來。羅蒂自承他的圖像反映他自己的癖好，歡迎大家批評。

一九九三、二、二十

羅蒂有關相對主義的爭辯

在羅蒂所勾劃的西方哲學系譜的圖像之中，有很明顯的遺漏，所以在他講完之後，立刻就有人問他，何以他完全不提阿培爾與哈柏瑪斯？羅蒂認為分析哲學與歐洲哲學勢不兩立，他們卻認為可以在兩者之間加以調停，作出新的綜合；羅蒂堅持要把理性加以放逐，他們卻提議要給與理性一個新的解釋。羅蒂承認他們做了很大的努力，但是並不成功。在美國方面哈佛的卜特南立場與他們相近，而羅特與卜特南之間的關係則亦友亦敵：他們相同處在二人都取實用主義的觀點，不同處在，卜特南攻擊羅蒂對實用主義的解釋不免墮入相對主義，故不稍假借，而給予嚴厲的批判。羅蒂則誓口否認自己是相對主義，倒回頭來指斥卜特南，既接受了實用主義的立場，則應該推出與他相同的結論，而不明白為什麼卜特南還要大談理性，譴責他為他戴上相對主義的帽子。

這次訪港羅蒂在篋中即帶了回應卜特南的文章，我要了一份來看，才明白雙方爭論的根本癥結所在。羅蒂不相信有完全客觀的知識，凡對事態的理解決不能外於吾人的利益與價值。這樣有關實在論與反實在論之間的理論爭辯可以休矣！而卜特南則堅持，在為了我們的利便之外，必定另有規約的標準，即他所謂的「理想化的理性的可接受性」。卜特南攻擊羅蒂把通過實用所斷定的真理看作不外乎僅是吾人的共識而已，那就不免墮入相對主義的窠臼。而羅蒂則堅持，既在特定的時間與空間之內，找到解決問題的最好的答案，那就不是相對主義；而卜特南的說法在實際內容上並無增益，卻不免違背了實用主義的原則，而重新墮入形上學的窠臼。

在看了羅蒂對卜特南回應的文章以後，我無疑比較贊成卜特南的立場。從一方面來說，羅蒂可能更坦率，承認我們現在所擁護的自由、寬容、同情等等的價值，就是我們這些自由主義者的共識，換一個情境可以被人否定得一乾二淨，更好的我們根本就做不到。他這是採取純內在的觀點，光由事態的層面很難加以駁斥；而卜特南在純內在實用的視域之外還有一個超越理想的視域。其所以導致吾人共識者不只是為了吾人的利便，而是合乎「理想化的理性的可接受性」的規約原則。卜特南的觀點很接近我重新闡釋「理一分殊」所提出的看法，在一義下可引為我的同調。

一九九三、二、二十七

羅蒂講反本質主義與情感教育

羅蒂擔任逸夫書院傑出學人，作了兩次講座，一次是晚餐聚談，題目是「人之尊嚴、理性與感性」，另一次是公開演講「一個沒有內在本具性質的世界」。兩次都座無虛席，辦得十分成功。但我覺得，如果把兩次的講題對換一下，效果可能更好。

在公開演講時，羅蒂一開始就說，他要作一次反本質主義的佈道。傳統的知識論斷定，所謂知識，乃是對於客觀真實的對象的忠實的反映。他認為這樣的對象是純然虛構的產物。沒有對象能夠超離於關係的網絡之外，現象與本體的分割，內外的隔離，是完全不可恃的見解。他把杜威的實用主義的理論效果推到了極點。他認為人這樣一種生物並不比任何其他生物高貴，人類的特色是能夠把自己發出的噪音賦予意義，成為可以表達意思的工具。知識的價值正在它的有用性，所謂科學、理性、心靈都是交流互動的結果。要為知識背後去找一個堅實可靠的基礎是完全不必要的事。正好相反，基礎論每每造成一種傾向，變得僵固難以更改，又特別抬高自己的地位，壓抑異己，不單無益，而且有害。

把這樣的看法應用在價值論上，他認為講理性、講道德責任都是無益、有害的。人每每在道德上表現一種優越感，在實際行為上卻做出種種殘酷的行為。以此他呼籲我們要捨棄康德，回歸休謨。有彈性的感性比僵固的理性效果要好得多。羅蒂雖然說後現代不能真正成為一個階段，但他的說話卻富有後現代的色彩。他反對一切定準，同情黑人、女性主義者的呼號，反倒比較喜歡陰柔的女性哲學，並提倡增加我們的感性，而提倡情感教育。

羅蒂的觀點之偏是顯而易見的，聽眾向他提出了一些很好的問題。譬如有人問他，理情為何不可以交融？你自己不是就反對二元對立的思想嗎？但他說現在理性太專斷，就要提倡感性來對抗它，這不是很好的答覆。我沒有公開質難他的觀點，宴席同座時，我指出，你捨棄「理性」，選擇「效用」，但這個觀念同樣可以被誤用，試想希特勒要是更有效率，世界會怎麼樣？他也承認各人可以採用不同的策略去改善世界。我雖不同意他的哲學觀點，但他不擺大牌，樂與師生交流，他的偏激也可以產生一些正面刺激的作用。

一九九三、三、六

安樂哲訪問中大哲學系

去年夏威夷大學與中文大學達成了一項交流的協議。夏大第一位來中大訪問的就是安樂哲教授，這個學期他將為我們教一科研究院的課以及一門通識教育的課程。安樂哲與我不只誼屬舊識，還有同門之雅。他的專長是中國哲學與比較哲學。安樂哲生在加拿大，有蘇格蘭血統，現在是歸化的美人。他在七〇年代初曾經留學臺灣，受學於業師方東美先生，考試時他用中文答卷，東美師十分驚詫一個西方人居然有這樣的中文程度，可謂難能可貴。他也是中大的校友，曾經讀過崇基，上過勞思光、沈宣仁二位先生的課。他在倫敦大學得到博士學位，指導教授是劉殿爵先生。多年來他們二位一直合作研究《淮南子》。近年來安樂哲致力於把《孫子》譯為英文。除了學有專攻之外，他又是《東西哲學》的編者，還負責一部分亞洲與比較哲學會的事務。安樂哲為人和易，很好相處，在夏大他有越來越廣泛的影響力。這次加盟對於我們很有益處。

在比較哲學方面，他與大衛·霍兒合著《通過孔子思考》一書，提出了很多很有意思的論點。他們以基督教是「純粹超越」的傳統，儒家是「內在超越」的傳統。這種看法是我同意的。他可能因為受到劉殿爵教授的影響而特別注重義的觀念。我不否認義是分殊原則，有很重要的意義，但中國哲學一向以仁為全德，仁畢竟是根本，二者的位置不容倒轉，彼此的視域略有距離。

這次他正好趕上聽羅蒂在逸夫書院的兩次演講。第一次晚餐聚談後，他說羅蒂還是囿於西方的觀點看事情，而提出了許多詰難。但羅蒂後來講反本質主義，他卻加以首肯。他認為中國哲學不是本質主義，根據他的了解，孔子是根據實際情況，努力爭取最好的結果，他稱這作審美主義。

我同意他的中國沒有本質主義的看法，但不贊成他的審美主義的用語，因為這樣無法突顯出儒者道德擔負的精神。安樂哲說他可以承認自己是個實用主義者，但我在此卻不能讓步。實用主義把一切都當作問題情況，依靠理智來解決問題，對於不同的文化領域缺少了必要的分疏。我雖然也承認我們掌握不到永恆的真理，但我們不能放棄「理性」的規約原則，所以我力主給予「理一分殊」以創造的解釋，一樣可以推陳出新，但不至於流於淺薄的功利主義而墮落了下去。

一九九三、三、十三

讀《梁漱溟問答錄》有感

在寫羅蒂諸文的同時，我正在讀由汪東林執筆寫的《梁漱溟問答錄》，基本上是梁先生的自述，感觸極深。或謂你寫這麼些有關東西哲學的文字，與讀報的一般公眾有什麼關係？我承認我寫的專欄文字與一部分讀者的確沒有直接關係，也不一定能引起他們的興趣。但報紙讀者的品味是不斷改變的。嚴肅的論題永遠不會像八卦消息那樣有趣味，在市場上有銷路，但說它們與公眾無關卻是一個錯誤。現在一般人接受的流行的觀念在昔日就是學者在書齋裡研究的題材，試問十年前街上的人誰明白什麼叫做環保、生態？現在不成為日常語言的一部分了嗎？梁先生青年時期就當過記者，當時的報紙在中國曾發生過巨大的啟蒙的作用。《紐約時報》不時刊登很有深度的文字。我們的報紙也必須作出努力，開拓新的領域。

梁先生與羅蒂恰好代表兩個截然不同的典型：一個深深浸潤在中國文化的傳統，被西方學者譽為最後的一位儒者，另一個卻是現代社會的知識分子，率先闖入後現代的尖兵。他們兩個的共同點是重情，相異處當然更多，雙方各有所見，各有所蔽，相映成趣。梁先生有道德操守，肯真誠思考，並有勇氣直陳己見，這是極為難能可貴的品質。但是他的反省的限制是顯而易見的。回顧他公開頂撞毛澤東的那一件事，他譴責自己之無禮，導致以後發展到不可收拾的田地。但他仍批評毛晚年之昏亂，致書《百姓》，以致中共不許他出國參加八二年在夏威夷舉行的國際朱子盛會。

但他始終未能考慮到制度問題：西方民主的價值正在於它容許個人有權利堅持自己的看法，不用被清算鬥爭，卻又有一套機制，不容許最高領袖貫徹一己的意志把自己的想法強加在整個國家民族之上。羅蒂則孕育在自由民主的風氣之下，乃進一步反建制反霸權，而否定一切有普遍性的理性，乃不免有墜入相對主義的危險。羅蒂在哲學上否定絕對主義是對的，但他也否定了超越時代、文化的規約理想，這卻使得整個精神墮了下來，只能講幾個西方自由主義者的共識，發不出他嚮往的力量與光芒。在一個意義下我同意後現代的思想家的想法，民主是不能推銷的。我們必須抵制西方思想的霸權。但這並不妨礙我們站在中國文化的本位作出要求民主自由的呼號，也不妨礙民主自由之為有普遍性的理想。

一九九三、三、十八

精英文化與通俗文化

在好幾次有關文化的學術研討會之中，我發現現在有一種明顯的傾向，學者對於精英文化作出了強烈的批判，而呼籲我們必須重視民間文化以及通俗文化。論者抨擊大傳統每以「理性」的大帽子壓人，造成一種文化的帝國主義霸權的宰制。啟蒙理性備受攻擊，被認為是西歐白人男性中心主義的表徵；同樣也可以攻擊中國文化的大傳統，每每借著仁義道德的名義，做出以理殺人的勾當。由此可以看出現在知識分子的批判性遠遠超過往昔。決不盲目接受權威的正當性。由這一個角度觀察，對於正統觀念的批評，是有其積極正面的意義的。

但是學者們往往忘記了一個明顯的事實，他們仍然是站在精英的立場去肯定民間文化、通俗文化，造了一整套只有精英才能懂的新穎的術語討論這樣的論題。真正生活在通俗文化之內的民眾是絕不會到這樣的學術研討會來聽這種高度抽象的討論的。他們除了忙著努力賺錢之外，大概會去聽流行的熱門音樂，唱卡拉ＯＫ，或者守在電視機面前看歡樂今宵或連續劇。精英們一旦嘗試去混在民眾堆裡，立刻就被認了出來。他們的生活方式、品味、語言都顯示了不同的特色，無法矇混過去。

現在我們且換一個角度來觀察，精英的自我批評是有必要的，但是否精英有必要完全融合於民眾呢？民眾不要讀哲學與文學的古典，不要聽莫札特、貝多芬的音樂，難道精英也得跟著去看八卦周刊、聽熱門音樂嗎？精英固然不可以自高自大，但不要忘了這個時代正是奧德加·伽塞所謂群眾走上街頭自稱主人的時代，群眾的品味不同樣有霸權宰制的實效嗎！事實上現在的電視節目完全是以群眾的品味為判準的，於是節目中充斥了性、暴力、藥物等刺激官覺的東西，難道精英們也得完全臣服於民眾的品味而徹底摧毀自己的認同嗎？業師方東美教授在世時愛讀尼采，提倡精神的貴族主義，嚮往「壁立千仞、爭此一線」的氣概。知識分子的可貴也許正在他們的傻與不同流俗的擔負。現代是個開放多元的社會，要是精英放棄、喪失了自己的認同，那就在多元中少了一元，未必是社會之福。雙向的肯定與批判才是健康的出路。

一九九三、四、八

芮格爾論主觀與客觀

這個學年香港的哲壇特別熱鬧，繼泰勒、羅蒂之後，湯瑪斯・芮格爾也應港大之約來作傑出學人講座。芮格爾現在是紐約大學的哲學與法律教授，他的著作包括《由烏有鄉的觀點》諸書。他以前曾在普林斯頓任教，與羅蒂同事，觀點則彼此南轅北轍，形成一個強烈的對比。

芮格爾在港大公開演講的講題是「相對主義與理性」。他指出現在流行相對主義的思想，根本就不承認有客觀的真理。他獨持異議，我們雖未能掌握最後的真理，但我們的確嚮往有普遍性的真理，不以個人的感覺或文化的指向為滿足。以自然科學為例，我們儘量努力，超越個人的癖好，甚至超越文化的視域，決不能把物理學化約成為社會學的內容。我們甚至企圖超越人類的觀點，追求純粹客觀的真理，不停留在任何特殊的視域，有可能採取不屬於任何地方的由烏有鄉的觀點。

芮格爾又以倫理學為例。道德規範自不可能像物理那樣有普遍性，以至相對主義大大地流行。然而價值標準畢竟不能化約成為心理的描述。只要自己照察到，自己的標準不能到處應用，便已超越了個人的視域。道德領域以內也要訴之於理性，並非完全不似科學的運作。康德就指出道德的指令必須可以普遍化。在這個領域之內，我們不能盲從宗教的權威，也不能隨波逐流俯仰由人，而必須訴之於道德的判斷，追問採取某種行為的正當性，這就不能聽任相對主義之肆虐。當然我們必須體認到，道德領域的客觀性並沒有否定價值的多元性。

最後再以政治為例，在這個領域之內的分歧是人人可以看得到的。但承認彼此的差別，尊重個體本身就具有普遍性。肯定多元的涵義就是人人都要律己，以平等的態度對人，避免熱狂主義。總之，我們必須在多元與普遍之間覓取平衡。現在流行徹底反自由主義的時尚是令人感到憂慮的。

芮格爾還有一個論點值得我們注意。他說純客觀也未必一定就全對；吾人的主體性是不可化約的，要取消每個人內在主觀的深刻的體證是不可取的。但他無意在內外、主客之間去求統一，有些矛盾是無法消解的。這裡可透露了芮格爾的時代氣息罷！

一九九三、四、十五

芮格爾哲學的理性主義

芮格爾這次訪港來去匆忙，他星期二晚上到，星期三星期四在港大演講，星期六返美。星期五我們以新亞書院明裕學人的名義請他到中大來主持一次不拘形式的討論會，把全香港的哲學工作者約來與芮格爾對話，晚上在新亞書院的雲起軒招待晚宴。這次臨時發出通知，不免有所遺漏，也有一些人臨時沒法子來，但祖堯堂連聽眾還是來了七八十人，是香港哲學界罕有的一次盛會。

一開始我就請芮格爾介紹他自己的哲學立場，他的開場白倒是解開了我自己的一些疑團。美國哲學家像羅蒂、卜特南等都自稱為實用主義者，他的立場又是怎樣呢？他坦承他的思想不合於當前的兩大時潮：一方面他反對科學主義，另一方面他也反對實用主義。依他的看法，科學主義是一種化約主義，實不足取，實用主義則放棄了對於客觀真理的追求，這是不可以接受的。哲學的野心是要推到吾人認知的極限去把握事實與真理的真實情狀。

在討論當中，各式各樣的問題都提了出來。譬如大家公認，現代西方哲學有了所謂語言學的轉向，他是怎樣看語言與思想的關係呢？他的看法明顯地與時流相反。他認為語言不必一定先行於思想，像內外、主客一類的問題，是自然衍生的哲學問題，並不一定依靠於語言。問及理性與情感的關係，他反對休謨，而認為理性不必一定是情感的奴隸，持論與羅蒂恰正相反。最後他宣稱自己是個理性主義者，喜愛柏拉圖、笛卡兒、萊布尼茲與康德，大力提倡對於理性的信仰。自從耶魯的白蘭夏以後，芮格爾是我所知道第一位自承為理性主義者的現代美國哲學家。由四點討論到六點大家意猶未盡。我最後問的一個問題是，康德的純粹理性、實踐理性乃是同一個理性，你的科學理性、道德理性、政治理性又是如何呢？他承認三方面的意義是貫通的，決不止是字樣的形似。在結語中，我笑說他一定想像不到香港會有那麼多康德的同情者，他說他怎麼也想不到香港有這麼多哲學工作者，而且許多人有廣闊的跨科際的興趣，十分難得，他雖感到勞累，還是高興有這樣的機會與大家交流。他並抱歉他對中國哲學一無所知。我說你努力追求不落主客兩邊，希望內外兼顧，這樣的精神與《中庸》的理想是互相契合的。大家都樂於有這樣的交流與對話。

一九九三、四、二十二

漫談超越與內在

芮格爾肯定，人有超越自己甚至於人類的視域的能力。其實這並不是新的觀點，倡導理想主義的唯心論者都是這樣說。有的哲學家認為，人與其他動物不同，就在人有不斷超越自己的能力。存在主義者沙特有一種有趣的說法，他否定人有本性，不像裁紙刀那樣有固定的本質。人的架構就是「不斷超越自己」的架構，意識的作用是否定，而否定意謂著自由。所以他說：

人命定要自由，他不是他是的存有，又是他不是的存有。

沙特玩弄文字遊戲，目的只是在說明，人的生命永遠不斷在去舊生新，不守故常。這樣的超越並不是真正的「超越」，自由也不是真正的「自由」，因為每天我都在不期而然地超越故我，而無論在事實上我所感覺到的是自己是多麼地無助，一點也不自由。芮格爾與沙特比，超越的成分較多一點，因為他倡導人要在意識層面上努力超越自己的視域，也不可自限於某一個文化的視域，甚至要超越人類的視域來探察有普遍性的客觀真理。他認為這實在是促使人在科學的領域以內不斷有所開拓的原動力。在另一方面，芮格爾並不否認人有內在主觀性，這乃是一個不可化約的層面。他聽任內外、主客兩個層面互相對立，同時並存。我提醒他這種看法與裴柏的「世界假設」有些相似之處，但是他並不熟悉裴柏「根源隱喻」的說法，那也是由分析哲學轉手，發展出來的一種新的形上學的看法。

但芮格爾的超越仍是不足夠的，他談到科學、倫理、政治領域內的超越普遍性，卻完全沒有談到宗教領域的超越體證，也沒有談到精神境界的不斷超升，仍囿於理論思辨的論域以內，沒有接觸到超絕的超越層面的問題。要探討這個層面的問題，就不能不談到「上帝」「天」這一類牽涉到終極關懷的問題。基督教的上帝是「純粹的超越」，因為祂創造世界而不是世界的一部分，人只能通過啟示領受祂的意旨。中國傳統則崇信「天人合一」，肯定天道流行於世間，這是「內在的超越」的觀點。或謂內在是內在，超越是超越，合在一起講似不可解。其實這樣的觀點並沒有什麼難解之處。純粹的「人」就是根本否定超越的「天」的存在。若深信人在自己的「私欲」之外可以體證到秉賦在自己的生命以內的「天理」在發生作用，不假啓示而得，通過人把握的境界不可化約為人的主觀願望的產物，這就是內在的超越的立基點。

一九九三、四、二十九

科學與哲學的分際

在去年七月至十二月「言論廣場」，友人陳方正博士發表了一系列總題為「不可愛的真理」的文章，現在快要出版。我被邀由一個人文工作者的立場對之加以回應，我欣然接受了這一項饒有興味的任務。方正兄是學物理的，但他的興趣廣，閱讀面寬闊，善發奇想，文字生動活潑，又擅行政，現在擔任中文大學中國文化研究所所長的職務，委實是一個難得的人才。近年來由於工作的性質，我們有比較多接觸的機會，也曾經有機會討論到他文章裡面接觸到的那些問題。這一系列的文章發表的時候我每一篇都看過，但還是只有片面的印象，現在集在一起來讀，感覺自然很不一樣。事實上我並不專攻科學哲學，但我是搞文化哲學的，科學是人類文化重要的一環，對於科學哲學的一般性的討論並不陌生，恰恰可以接得上方正兄提出的問題，對之略作回應。

方正兄一開始就引了王國維的名言，把「可愛」和「可信」分成兩類。照他的說法，科學哲學千變萬化，波濤壯闊，十分可愛，科學史平實清淡，沒什麼味道，科學最可信，恐怕也最不討人喜歡。很明顯的，他把他自己所說的歸在「不可愛的真理」一邊。其實這樣的劃分是很成問題的。方正兄心目中先有了某種特定的哲學與科學的圖象，這樣的預設本身就是不可信的。楊振寧先生演講常說科學的規律是美妙的，也就是說是可愛的。方正兄自以為所說的不可愛，其實照我看來，也並不那麼不可愛。而最具關鍵性的一點是，方正兄所說的並不是科學，而是他對科學的看法。要是前者，我就不容置喙了。既是後者，那就是一個科學工作者對於科學的看法，那是屬於哲學的領域，哲學家就有發言權了。

那麼哲學與科學是否很不同呢？的確是大有不同，但決不是一個可愛，一個可信，迄今為止我還沒見到幾個人說科學哲學是可愛的，事實上很多人覺得哲學是玄妙不可解，甚至是多餘的。基本上科學是以自然現象為對象作研究的第一序的學問，科學哲學卻是以科學為對象作研究的第二序的學問。對科學哲學大成問題的東西對科學工作者不成問題，這是不足為異的。正好像「吃飯」，對一般人來說，這絕不成問題，朱子就批評佛氏「終日吃飯，不曾咬破一粒米」。禪宗問的是「吃飯」的涵義究竟如何？這才進入哲學的領域。（對於「不可愛的真理」的回應之一）

一九九三、五、十三

歸納與證偽

近代科學的成功根本的訣竅正在它能以偏概全，這樣的方法傳統上叫做歸納法。它在科學的運作層面上是不成問題的，但要對之作充分的理論說明卻是大非易事。波普的證偽論適由對於傳統的歸納理論之不滿而起，方正兄卻劈頭由波普的理論講起，不免令人有突兀之感，同時他對波普的批評雖則言之成理，卻因缺乏同情的了解而令人有未能擊中要害的感覺。故此我提議要把西方的歸納邏輯的故事重說一遍，才能夠把握到一個更合適的視野。

以偏概全由純形式邏輯的觀點看，乃是一個謬誤：傳統所謂由特殊到普遍，無法保證結論的對確性。但到近代，培根卻大力提倡歸納法，原因在形式邏輯只能夠演繹出前提內涵的真理，歸納卻是跳躍推理，結論雖僅具概然性，但卻可以幫助我們發現自然的規律，故值得大力倡導。彌爾繼承培根，發展了所謂的歸納四術，但他卻提出了一個令人困擾的理論問題，即歸納法在事實上不免陷入循環論證：自然齊一的預設乃是我們進行歸納的始點，而歸納完成的遠景恰正是自然齊一的證實。這是歸納邏輯的弔詭，在理論上難以獲得破解之道。

在二十世紀上半葉，邏輯實證論盛行，乃千方百計企圖完善歸納理論，而提出所謂的徵驗理論，企圖在科學知識與形上玄想之間作出截然的分野。但不幸的是，這樣的理論始終作不成功：把徵驗的標準收得太緊，則合法的科學假設也被排除在外，而把徵驗的標準放得太鬆，則又不得不讓形上玄想由敗部復活，赦了回來，實難覓得兩全之策。

波普正是在這樣的情勢之下應運而起，他出身維也納學派，但背棄了徵驗理論，而另外提出證偽理論。科學知識的充分條件既找不到，不妨可以考慮它的必要條件。依波普的說法，只有原則上可以被證偽的假設才是知識範圍內事，否則便是形上玄想的對象。方正兄舉出許多事實上未被證偽的理論，這根本不足以駁斥波普的證偽論，因為它們並不是波普所要排斥的對象。至於方正兄提出的「前科學」與「真科學」之別，則是大成問題的。誰能真正列舉出真科學的內容呢？現代科學所得到的教訓正是，科學的真理是可以不斷修正的，不論是整體的修正或局部的修正。實用主義者杜威把真理界定為「經過證實的可斷定性」，是有他的理由的。（回應「不可愛的真理」之二）

一九九三、五、二十

典範的轉移・問題的反思

方正兄對於孔恩的典範論也有十分不同情的理解與批評。孔恩研究科學史，提出了一個極有興味而富刺激性的理論。照孔恩的說法，一般科學理論的修正是在常態科學的範圍以內所作的枝枝節節的修正。但在一場大的科學革命來臨時卻是典範的轉移，新科學與舊科學的視域、基本概念完全不同，彼此之間竟然沒有共同通約性。這樣，我們慣常把科學史看成一個連續不斷的歷程，後出的理論比早出的理論進步。孔恩卻把它打斷成為幾部不同的科學史，只在同一典範之內才可以談進步，否則根本就缺乏共識的判準說進步或不進步。最顯著的例如托勒密的天文學與哥本尼的天文學，就分屬兩個完全不同的典範。

方正兄對孔恩的批評我大部分都同意。典範根本就不是一個精確的概念，大多數的科學家都不接受孔恩的說法。愛因斯坦的相對論與牛頓的古典物理學有明顯的連續性，甚至連革命都說不上，因為它至多只是修正牛頓的觀念，並沒有推翻他的觀念。今日我們對地面運動的計量還是可以採用古典力學的方式，只有到太空物理的範圍，才需要用到相對論的修正。孔恩的說法的確過分誇大了一部分的事例，而提供了一個難以支持的科學史圖像。

然則孔恩就一無可取麼?那又不然。如果我們不把他的說法當作一個嚴格的理論，而只是把它當作一種睿識，用他的觀點來看某一些科學史的故實，的確可以幫助我們獲得一些重要的心得。譬如我們可以說，由亞里士多德到中世紀，演繹法是共同遵奉的典範。文藝復興以後，歸納法廣為應用，所謂發現的邏輯成為了新的典範。到現代量子物理又開闢了新境界，要大量採用統計的方法。將來電腦的應用更不知會把我們帶進怎樣的新領域!再把範圍放大到東西文化的比較，孔恩的睿識尤其有用。

照李約瑟的研究，中國傳統雖然有高科技的發展，但因囿於有機自然觀的典範，缺少機械決定論的想法，以致未能跨過近代科學的門檻。但如今拉普拉斯、康德的世代已經過去，新的有機思想又可能獲得新的生命。楊振寧教授說科學內也有風格的差異，今後華裔學者在科學上的成就不一定全是偶然的現象。但科學創獲的方式的確難以一概而論，「理一而分殊」可能提供我們一幅最合適的圖象。（回應「不可愛的真理」之三）

一九九三、五、二十七

科技與人文的關聯性

孔恩的理論雖然不能成立，但他的一個貢獻是要把科學放回到人類文化的系絡以內來觀察。方正兄也沒有忽視科學與人文、社會的關係，這是難能可貴的。但他對比科學與人文時卻作了一個錯誤的斷述，他說對科學來說，語言是不重要的。他心目中的語言乃是自然語言，但科學語言不也是一種語言嗎？卡西勒指出，人是使用符號的動物，在科學裡人使用的是最抽象的符號語言。用後期維根斯坦的術語來說，科學所玩的是一種特定的語言遊戲，道德、藝術、宗教又是玩的不同的遊戲，遵守的是不同的遊戲規則。而這樣的看法並不限於英美的分析哲學家，歐陸的解釋學者也是一樣，海德格、高達美講存有的語言性。新近來訪港的羅蒂就曾編過一本論二十世紀哲學的「語言學的轉向」的書。就這一點來說，方正兄雖博學，還是和當代哲學的時潮稍稍脫了節，不能不略加補正。

由這個觀點出發，就可以清楚地看到，科學與人文有相同處，它們都是人類文化的產物。

但卡西勒指出，不同的符號形式如科學、藝術，各有不同的特性。科學的特性是取同略異，遊心於一個極為抽象的符號世界之中。而通過諾斯陸普（《東西的會合》的作者）所謂「認知的相應」，卻又能取得極大的實效，這是人類文化的一項十分特殊的成就，卻並非唯一的成就。人除了科學之外，也有強烈的藝術的要求。一般人誤以為藝術只講特殊的具象，不講有普遍性的共相。要是這樣，那我們就不可能了解任何藝術了。事實是，藝術中不是沒有共相，只是不取於科學的那種純抽象的共相，而是要創造出一種富有風格性的共相，借用黑格爾的名詞，是一種「具體的共相」。同時藝術的目的也不是要去推論，像科學那樣去以偏概全。世界上只有一個莎士比亞、一個歌德、一個杜甫、一個李白，但他們所創造的詩卻可以供百世的人欣賞。

舉凡人的因素增加，不可測的範圍就更擴大，創造性的需求也越高。此所以強不知以為知的烏托邦的社會工程學之不可取，希特勒、史達林、毛澤東輩之必然把人帶領到災難之中，是可以預見的。方正兄在這方面對波普的批評也是有誤解的。人當然不能避免新的社會工程實驗，但如失去了開放性的自我調節機能，那可就危殆了。（對於「不可愛的真理」的回應之四）

一九九三、六、三

哲學會終結嗎？

海灣戰爭以前，日裔美人福山撰文論歷史的終結，當時曾經引起一番震盪，晚近世事的發展令人對於這樣的說法，只能置之一笑而已！然而哲學的終結之說不只早就有人倡議，抑且於今尤烈，那麼，哲學會終結嗎？我的答案是否定的。理由並不因為我是學哲學的，所以抵死也要為哲學辯護。事實上倡議哲學終結的人大多數是學哲學的。搞分析哲學的羅蒂就倡言分析哲學的終結，正是一個擺在眼前的例子。

人不吃飯會死，不作哲學思考並不會死，大學關閉哲學系對社會人生也不會即時產生嚴重的後果，這些都不在話下，那麼我們何愛於哲學呢？問題在於，我們的需要並不只在吃飯只在謀生，正如亞里士多德說的，人有了閒暇，就會作哲學思考，這是一個無可避免的現象。我們有世界人生，就會對世界人生作哲學思考，我們有科學，就會對科學作哲學思考。每一行每一業到尖端處就不免會接觸到哲學的問題。當代許多傑出的哲學家都由科學轉手而來，像羅素、懷德海之於數學，愛丁頓、琴仕之於物理，杜里舒、柏格森之於生物，佛洛伊德、榮格之於心理，就是明顯的例子。不能證偽的假設或者不是科學知識的範圍，但不必缺乏哲學的興趣，裴柏論世界假設，就清楚地闡明，在什麼意義之下，形式主義、有機主義、機械主義、系絡主義的世界觀分別有它們的吸引力。而人是無可避免，必須要選擇自己的終極關懷，那更對每一個人自己有其切身的意義。

方正兄似乎隱隱然相信，雖然沒有任何保證世界的結構永遠不變，但卻可以建立一個他稱之為真科學的核心，這樣的說法我雖認為缺乏足夠的根據，然而他的想法與我思考的方向其實相距不遠。我同意卡西勒的看法，雖然在實質上，沒有人能宣稱自己把握到永恆的真理，但人不能不肯定一些規約原則，如自然齊一、因果律之類，它們並不是科學可以徵驗的律則，但卻是產生科學的溫床。試想如果反轉來，我們都相信世界上每一個分子的面貌都不一樣，我們還會有近代科學嗎？

最後我要說的是，表面上看來，我對方正兄提出的想法諸多非議，其實我非常欣賞他提出這些時而枯燥時而瘋癲的想法，這種跨科系的交流不只是必要的，也是饒有興味的。（對於「不可愛的真理」的回應之五）

一九九三、六、十

數學的新潮流

《科學的美國人》雜誌（十月號）登了一篇文章〈證明的死亡〉，討論數學的新潮流，寫得很有意思。我們外行當然不明白數學內部那些技術性的問題，但數學家現在分成了新舊兩派，聚訟不息。他們究竟吵些什麼？我們儘可以由新聞的角度略加報導，或者對於一般讀者來說，也會有一點趣味。

簡單來說，傳統的數學所要把握的是永恆的真理，據說畢德哥拉斯發現他的定理的時候，其徒從曾經殺了一條牛來慶祝。這樣的定理由前提到結論，每一個步驟都可以嚴格地演證出來，其結論是放之四海而皆準。這樣的數學真理既單純而又富有美感，由柏拉圖到康德，均以之為楷模。但新派的數學家認為數學株守在這個範圍以內，未免太狹窄了。能夠做得出證明來的難題越來越少。他們乃把眼光轉移到應用數學，利用電腦、圖表，作或然性的推測。對於數學的純粹派來說，這簡直離經叛道，像這類作不出嚴格證明的東西，他們根本不承認是數學。

最近數學界的大新聞是，普林斯頓大學的安德魯・威爾士把費默在三百多年前提出來的最後一條定理演證出來了。這是傳統派的一大勝利。但這一個證明有兩百頁長，它的演證一部分是建立在他個人的名譽之上，一部分是建立在他採信的其他數學家的名譽之上。真要全部演證出來，只怕要一千頁長，而且十個數學家之中只有一個看得懂。大家只能說，看起來很美，像是真理罷了！因為事實上簡直沒有人從頭到尾去做複證。據說最近還發現了一點瑕疵，尚待修正。加州大學柏克萊分校的桑斯頓曾經得過數學界相當於諾貝爾獎的菲爾德獎，雖然承認數學真理是發現的，不是發明的，但也承認在事實上，數學家是在社會系絡之內證明數學定理，他對實驗數學與電腦都展示了相當熱情。

但新派的數學家乃完全不做證明工作。譬如他們把一個圓球打碎，抽絲剝繭，由裡到外整個翻轉來。他們對非直線型的系統，特別是混沌最有興趣。當然電腦的問題是很大的，它們的基礎是二元算術，不能絕對真確地計數，圖表也不十分可信，而且它們沒有人腦的創造性，電腦計的數遠超過人腦計的數，它可能有錯，但不能用人腦複查。青少年現在都習慣用電腦，但永遠有少數人做證明，兩派的爭執還會繼續下去。

一九九三、十二、二十三

佛洛伊德受到的攻擊

西方現代影響力最大的兩個思想家是馬克思與佛洛伊德。如今因蘇聯與東歐的垮臺，馬克思已經失去吸引力。佛洛伊德雖然沒有像馬克思那樣垮得徹底，卻也受到嚴重的攻擊。佛洛伊德發明心理分析，雖然從來沒有人把它當作嚴格的科學看待，卻也毫無疑問地打進了心理系，每個系都有相當人力搞心理分析。尤有進者，佛洛伊德的觀念，通過小說、戲劇以及傳媒的傳播，已經變成家喻戶曉的詞彙，譬如像自我、超我、被壓抑的記憶、性的昇華，伊底帕斯情結之類，誰沒有聽過這一類的東西！

然而問題在，佛洛伊德始終無法證明在壓抑的記憶與日後的神經病之間的因果關係，光指出少年時候受到性騷擾，長久以後有神經不正常現象是不足夠的。佛洛伊德對於夢的解釋也是有問題的。如今佛洛伊德的文件逐漸見光，對他就越不利。他有時壓抑他不喜歡的證據，有時甚至造假證據，毛病著實不少。

現在有一本書研究朵拉的個案，就可以清楚看出佛洛伊德醫術的差勁。朵拉是個十八歲的姑娘，她求助於佛洛伊德。她的父親與友人之妻有染，而這個友人對朵拉從她十四歲起就有意圖，她的父親竟然鼓勵她與之交往。佛洛伊德的診斷是，其實朵拉對之有性需要，無須「歇斯底里」地壓抑自己，不如徹底解放，豈不皆大歡喜。這個女孩只醫了三個月就不再出現了。

而佛洛伊德主見極深，一旦作了診斷，就決不改易。現在大家又知道，佛洛伊德與榮格合作十年，成績輝煌，卻突然拆伙，原來彼此都掌握了對方的隱私，乃只有分道揚鑣。或謂佛洛伊德個人的品德應與他的理論分家。這種說法也是有問題的，因為他的理論最先是建立在他的自我分析之上，兩方面怎能截然分離呢？

心理分析最大的市場與問題是在美國。美國人最喜歡看心理醫生，而有些庸醫徹底誤用病人對他們的信賴而造成毀滅性的後果。美樂黛·葛維更，一個加州長堤的電腦專家，竟然聽信心理醫生的引導，相信她的沮喪導源於兒時亂倫的經驗。她的故事越編越詳細，終於和父親斷絕關係。但她終不自安，再請心理專家檢驗，才發現這些「記憶」，都是假的，只得乞求父親的原諒。當然心理分析不是完全無用，只不能濫用。如今有的病症可用藥物治療，更重要是注重平時的心理衛生，有適當的情感與欲望的宣導，以「中和」為規約理想，無須自瀆，決不會招來如此可怕的經驗。

一九九三、十二、三十

高層心理學的拓展

十一月九日、十日中文大學精神科系主辦一次「中國人的心理治療」的國際研討會，原先以為這個題目很冷門，只有二三十人參加，那知來了超過一百五十位學者，分別來自英美加澳星馬以及海峽兩岸，盛況空前。與會的大多是華裔學者，也有少數西方學者，論文的宣讀與討論都用英文，將來會有論文集出版。我應邀作一個主題演講，題目是「儒家治心之學的心理治療功能」。很少人把中國的大傳統和心理治療關連在一起，我利用這個難得的機會作一個初步的嘗試，探討兩方面的關係。

一九六九年暑第五屆東西哲學家會議以「疏離」為主題，方東美先生宣讀論文，首先提出「高層心理學」的觀念。他認為科學的心理學是「平面心理學」，心理分析是「深層心理學」，但這樣的心理學並不能處理東西宗教哲學的精神體驗，因此他提出高層心理學的觀念，研究人的意識層面的提升，而著眼於真實人性的發掘。可惜的是這個觀念始終未曾得到應有的拓展，因此我提出呼籲，希望從事心理治療的學者注意這個領域開發的可能性。

我特別指出儒家的治心之學之被忽視，因為印度派瑜伽和日本的禪宗都在西方受到重視，所謂TM被普遍相信具有心理治療的功能。我廣引四書，證明在佛學傳入中國之前；我們早就有了「修己」、「治心」或者修身養性的傳統。《論語》裡記載孔子思想的中心是「為己之學」，禮的基礎是仁。孟子繼承這一條線索，而指出人人有不忍人之心（仁心），並宣稱「為學之道無他，求其放心（流放出去之心）而已矣！」更提示了「存夜氣」的修養工夫。《中庸》講慎獨，工夫要用到事象沒有形著以前，要做到「喜怒哀樂未發之謂中」，才能得到「發而皆中節之謂和」的效果。《大學》則講定靜安慮得，由格物、致知、正心、誠意、修身做起，才能嚮往齊家、治國、平天下的理想。宋明儒因受到道佛二氏的刺激而把治心之學發揮到了前所未有的深度，以超越「內外、主客分離」的境界。總之，儒家是注重教育而防患於未然，今日的心理治療還得發展出一套方法來醫治病患者，這是一個很大的挑戰。另一個主題演講由臺大的楊國樞教授由社會心理學的角度主講。這是一次專家的會議，卻有濃厚的跨科系的色彩與開放的氣氛，值得我們稱道。

一九九三、十一、十四

輯三

對於中國傳統與問題的反思

什麼是文化中國？

最近在中文大學開了一次「文化中國展望：理念與實際」的學術研討會，有海峽兩岸三邊的學者來參加。「文化中國」是傅偉勳、杜維明等學者提出來的觀念，在海外已經開過幾次會，我都沒有參加。這次我負責做「文化中國的涵義與定位」圓桌討論的主持人與引言人。究竟什麼是文化中國的涵義與定位呢？就這一次開會的情況來看，可以說是眾說紛紜，絕無定論。有學者提出，為什麼不就談中國文化，而要談文化中國呢？負責籌備的陳其南博士指出，這正是中國文字的巧妙之處，中國文化談得太泛，缺少新意，這一倒轉過來，就變得新鮮，也有了更豐富的涵義。事實上這兩個概念是有分別的，中國文化是文化，文化中國則是負載中國文化的實體。我自己的理解是，受到中國文化傳統深切影響的範圍就是文化中國的內容。我強調必須由發展的觀點來看文化問題。中國在古代本來是個文化觀念，根本缺少近代國家的意涵。

中國文化在不斷發展與擴展的過程中，在古代吸納了南方的荊楚文化，在中古吸納了來自印度的佛教文化，如今則正在吸納強勢西方文化的過程中，自不能不經歷陣痛，陷入難以超拔的困境之中。我斷定中國文化傳統為以儒家思想為主導所發展的一種文化形態，這樣的說法並不排斥非儒家思想如道佛對於中國文化的發展有重大的貢獻，應無爭議性。到了今天，中國人自己可以在意識層面上否定中國文化，西洋人也可以景慕中國文化，成為文化中國的擁護者。

有學者指出，文化中國觀念的提出是由於海外的知識分子有一種孤臣孽子的心境，眼看現實政治的不上軌道，於是寄望於文化中國領域的開拓。這種說法不無它的道理。我自己在一九七二年中共進聯合國時，就著文指出文化認同與政治認同的差異，海外中華知識分子儘可認同於中國文化的理念，而不必認同於任何現實的政權。現在我的基本觀念不變，視域則略有轉移，在這次的討論中學者們指出必須重視民間的通俗文化，這是應該的。大陸雖否定傳統中國文化的理念，卻也是文化中國籠罩的範圍。但把視域作了這樣的調整，就必須同時著眼文化中國正面以及負面的效果，才能覓得它的確定意涵與定位。

一九九三、三、二十五

現代新儒學論著輯要出版誌感

友人告訴我在書店看到我在大陸出版的新著，原來渲染已久的《現代新儒學輯要叢書》終於出了第一輯，包括牟宗三、唐君毅、方東美、杜維明、余英時、劉述先等六冊。計畫中還要出梁漱溟、熊十力、馬一浮、馮友蘭、賀麟、錢穆、張君勱、徐復觀、成中英的論著輯要，總共是十五冊，由北京中國廣播電視出版社出版。等到我跑到沙田商務印書館去看的時候，大概由於分配到書的數量不多，竟然已經售罄，好在系裡的同事已經先購置了一套，得以先睹為快，可不知道還要等多少時候，大陸才會把書寄一本給我。這套書之能夠在大陸出版的確是一個突破，因為這些人的思想都反共，肯定西方式的民主制度，每一本輯要厚達六百頁，收的文字在四十萬字左右，如今公然在大陸各地發售，到處流傳，實在是以往難以想像的事情。

主編這一套叢書的是天津南開大學的方克立教授，他在總序裡說明了出這一套叢書的理由。他指出，五年前現代新儒學對於人們來說還是完全陌生的名詞，如今卻迅速地發展成為研究的新熱點，堂而皇之地出現在報刊上，書冊中。馬克思主義的堅持也不應堵絕港臺海外有活力思想的吸納，而研究的首要條件是要根據第一手的資料，這樣才能給與客觀的評估，並加以批判地借鑑。

這種開放的態度可能是目前官方所可能容許的最大限度了。何以當代新儒家的思想對大陸會有那樣大的吸引力呢？六四以後，全盤西化的思想受到打擊，而黨八股引不起人們的興趣，只有當代新儒家一方面肯定民族文化的傳統，另一方面主張吸納西學的精華，而對傳統現代化的問題率先提出了有深度的反思，於是引起了學術界的共鳴，而促成了研究現代新儒學的機運。今年年底臺北召開第二屆當代新儒學的國際會議，已經邀請方克立等大陸學者去參加，而巴黎遠東學院也將邀請方克立教授明暑去介紹大陸有關現代新儒學的研究。這些都是值得歡迎的趨勢，應可促進海內外以及兩岸三邊學術交流的活動。

一九九二、十一、二十一

當代新儒家的觀念遊戲？

當代新儒家的貢獻主要在學問領域的開拓，而不在個人修養工夫的深切，這不只是大家承認的公論，也是符合事實情況的判斷。翟志成君為文，根據熊十力先生在大陸易手前後的書信，重構出當時的一些事實情況，並指出熊先生在立德立功方面乏善足陳，惟在立言方面有所貢獻。最近他的文章結集出版，在序言中他又提出當代新儒家與觀念遊戲的問題：如果當代新儒家只能發為言論，個人的德行尚且難以落實，豈不成為一套觀念遊戲！而當代新儒家之所以難有廣泛的影響，很可能這是根本致命傷之所在。

我曾經著文與翟君商榷，指出當代新儒家在現代其實已經歷了一種角色的改變。在現代還在講傳統式的成聖成賢，不只是不可能，而且也並不可欲。熊先生就明言他自己不做宋明儒那一類的修養工夫，我們要是用宋明儒的標準去批評他，那就是對他缺乏相應的理解。熊先生要做的工作是通過他的創造的闡釋，去把握六經的大本大源，而歸宗於大易。依他的理解，這是一個生生不已的宇宙，我們的生命也是一個充滿了創造性的生命。但具體化的生命常常會有一種物化的傾向，只有在這裡不斷提撕，才能夠體證自己富有創造性的生命。這或者是一種玄論；卻不只是一種觀念的遊戲。我們的創造性的生命並不一定要實現在狹義的道德修養工夫上，此所以我們不能用狹義的道德標準去衡量熊先生的生命。但若熊先生真做了什麼十惡不赦的敗德之事，我們自也不可加以曲諒。而我所看到熊先生的是一個充滿了生命，但有限制的生命，決不是一個敗德的生命。

是在這裡我和翟君的視野有根本的差異。翟君似乎認為，當代新儒家個人的德行有表率的作用，才有成為時代的主要潮流的可能性。我不認為如此，即使當代新儒家個個是傳統意義下的君子，也不能使之變成時代的主流。此處只有把「實踐」的意義擴大為文化的創造，在道德上只作低限度的要求，才能夠找到變化的契機。這一點當代新儒家本身似乎還未清楚地意識到，所以我才要促請他們作進一步的自省，以找到自己的定位。

一九九三、四、一

讀《狄百瑞思想自述》有感

狄百瑞教授長期擔任哥倫比亞大學的中日文系主任，並於七一至七八年做哥大的副校長。他是第一位在美國大力提倡研究宋明儒學而有卓著成就的學者，在哈佛費正清倡導的當代中國研究之外開闢了一條不同的途徑，有廣泛的影響。我早就認識他，八二年他應邀到中文大學新亞學院來作錢穆講座。現在他已退休，卻更自強不息，勤於著述。最近我剛讀到朱榮貴君譯他應日本學者之約所寫的自述，對於他的經歷和心路歷程才有更進一步的了解。

他生長在一個並不富裕的家庭之內，從小有社會主義思想的傾向，但不契於共產黨的階級鬥爭的激烈傾向。四〇年代初，他當學生，主張抗希特勒，逐漸由左派政治活動轉向對中國之歷史文化之研究。抗戰期間，他收到徵兵令，進了設在柏克萊的海軍日語學校，以後派駐夏威夷，又學了韓語。這使他和一般的中日專家不同，採取一個較大的視野來研究亞洲。後來他讀到理學家講仁者與天地萬物為一體，特別是王陽明的文字，有深刻的感受，回想戰爭時造成的破壞，頗有切膚之痛的感覺。

戰後他決定做學術工作，在哥大跟王際真先生讀黃宗羲的《明夷待訪錄》，深深感到西方學者每每將自己的先入之見強加在其他文化的研究之上。因此他主張要由原始資料的掌握著手，而走上一條曲折的道路。他對韋佛格的大型理論缺乏興趣。但他仍認為韋佛格是一位很好的學者，不幸在麥卡錫時代受到打擊，而發出了不平之鳴。四八年他拿到富爾布萊特獎學金到中國去一年，正好碰到中國經歷天崩地解的變化，幸好他沒有失陷在共黨控制的北方，南下到了廣州，在嶺南遇到陳榮捷教授，開始了他們一輩子的友誼與合作的關係。

狄百瑞不只深信必須對東方的傳統有比較深入的了解，同時在四十多年的教書生涯中，一直把大學的通識課程放在和研究所專門性課程同等重要的地位。狄百瑞研究宋明儒學，把握到儒學的精髓乃是為己之學，但修己治人，也十分重視經世之學。他研究朱子學派，注意到真德秀的《政經》一類冷僻的著作，他的開拓之功是不可沒的。

一九九三、七、一

中國傳統的理解與其現代意義

現代人一般以為中國傳統是進步的阻礙。狄百瑞研究為西方學術界所忽視的明代思想，發現它並不如傳聞所說的空虛而不實際，玄妙而反動。他研究王艮和李贄，同意現代學者讚揚他們的反叛精神，但反對說他們的思想有革命性格，認為是一種誇張。狄百瑞指出，與其說他們與傳統割離，不如說他們受到傳統中批判性之思路的啟發，恰正是這種思維的傳承者，而且他們也沒有主張用暴力、革命的手段來改變現況。狄百瑞又提倡研究實學。他發現朱熹視實學為實在的學問、與佛教之虛無作一對比。但到十九世紀，福澤諭吉卻又使用實學一詞來形容西學之實用性，而批評理學之虛無、不切實際。

學者們研究的結果顯示出，新儒學對社會做了許多重要的貢獻，使得西學較容易被吸收，而並不是現代化的障礙；卻又在同時在個人道德修養方面向西化提出挑戰，西方式教育一直沒有很圓滿地解決如何培養個人之道德性的問題。美國教育界呈現了廣泛的危機，不得不促使我們重新考慮新儒學在教育上的成就。他又提醒我們，另一個被西方與中國學者忽視的課題是經世之學；日本學者則較注意。道學家雖講修己治人，但決不只是空談心性，而有必要探討新儒學對政治、社會、經濟制度的看法。

狄百瑞指出，雖然多數人認為中國古舊的傳統不值得保留，但他早就對革命所允諾的天堂起了懷疑。全面的工業化，盲目崇拜機器之優勢所造成的破壞是可怕的。他觀察到農業的商業化和工業化對美國的農場和農村造成了很大的破壞，其破壞的程度絕不下於工業社會所帶來的環境污染與社會瓦解對城市的打擊，因此西方的模式是否可以作為中國長期發展的借鏡是可以懷疑的。他認為全盤西化絕不是辦法。西方在窮盡其土地與資源以後，就不得不面臨中國所遭遇到的資源有限的問題，而必須主要依賴人力資源來維持文明的生活方式，來解決人口密集等困境。中國的經驗是值得學習的。而人類的希望將寄託在對道德與精神資源的栽培，不在於對地球資源的無限需索與探測。狄百瑞的看法未必人人都可以同意，但的確提供給我們以反省的資糧。

一九九三、七、八

韓國的儒教傳統

十月八日至十四日我應邀到韓國去參加儒教思想國際會議，主題是「儒教與現代社會」，參加者有來自海峽兩岸、香港、新加坡與越南的學者。韓國人用「儒教」，相當於我們用「儒家」一詞，但意義上的確有不可以忽視的差別存在。對於大多數的中國學者來說，「儒家」是一種學說，一種思想，充其量是個人的一種信仰；但在韓國，「儒教」仍然是一些人的生活方式，在社會上有相當廣大的影響。這次會議對我來說在學術上的收穫不大，因為許多論文是以韓文寫的，我看不懂韓文，交流之效有限，只知道韓文是由二十四個字母拼音構成的，寫出來對我們來說像天書一樣。但他們的古籍是以中文寫成，好多位韓國學者曾到大陸或臺灣留學，會說流暢的普通話，經過他們傳譯，在一般對話上並沒有什麼困難。會後安排了三天的參觀節目，看理念如何表現在實際上，卻給予了我重大的啟發。

在大田參觀了以展示現代科技與工藝品為主的世界博覽會。之後我們去參觀了回想社，這是詩人朴泓九所創立的第一個編纂出版族譜的組織，看來業務十分興旺。族譜均以精裝出版。我看了一下劉氏的大同譜，所謂大同譜乃是把各不同分支的家譜彙編在一起的總譜。劉氏在韓國不算大族，卻也有十幾大本之多。初祖劉荃，宋仁宗時代遷韓。邀請我們來開會的梁承武博士不只在族譜裡找到了他的名字，還有一條記述他到中國留學。由此可見，韓國家族傳統的力量是多麼大。這當然是有利也有弊，據說金大中之所以失敗只是因為南部的人口沒有北部那麼多。

我們次日到遯巖書院去參觀。這是大儒李洱（栗谷）大弟子沙溪金長生在十六世紀建立的書院，於十八世紀遷到現址。古雅簡單的建築，色調以青綠為主。院長與弟子們穿著古衣冠列隊迎接。講席樓四面敞開，大家席地而坐，品嚐人參松子茶，儒教會長崔根德教授是第十二代掌門，為我們講述歷史背景，使我們可以領略往昔的遺風。最後一天去成均館大學參觀文廟，他們穿上法服，重演初一、十五拜祭的禮儀給我們看。在中國，這些傳統早斷了。韓國現在有孔子展強調現代仍必須提倡仁義禮智，真令我們感慨萬分！

一九九三、十一、十一

韓國的民族精神教育

大田的世界博覽會參觀的人數眾多，我們注意到，一隊隊的韓國小朋友由大人率領來參觀。韓國的小孩多數單眼皮、蘋果臉，精神抖擻，體力充沛，十分可愛。世博會的舉行是一種國力的展示，韓國由現代走向未來，利用這樣的機會來教育下一代，從小就接受科技的洗禮，想必會發生某種積極的作用罷！

接連兩天參觀都碰到這樣的娃娃隊，我們才發現，這大概是他們韓國的方式，有很強的群體的性格。他們成群結隊，不只去看現代的東西，也去瀏覽傳統的民俗村。那裡有傳統的四民生活情況的再現。據我所知，雖然也有少數韓國知識分子認為傳統是現代的絆腳石，但大多數學者都肯定傳統與現代互相結合的方式。記得幾年以前在新加坡的一次國際學術會議上，一位韓國的社會學家唸了一篇十分有趣的論文。他發出問卷做調查，自認為信奉儒教的人只佔百分之二左右，全國最大的兩個宗教是佛教和基督教。但他進一步做分析，乃發現一般所謂儒家的倫理與價值竟然百分之一百為佛教徒所遵守，百分之八十為基督徒所遵守。再輔以我們自己目擊的情況，韓國弟子對老師的尊敬不是其他地方所可以比擬的。比較起來，韓國無疑是世界上保存了最多儒家特色的社會。

這次我們還去參觀了獨立紀念館，氣勢之雄偉，風景之秀麗讓人留下深刻的印象。開曠的視野，看到四圍因季節轉換而變色的樹葉，令人心曠神怡。清潔的石階，簡直找不到塵埃，在行進中規定不准抽煙，而國民居然遵守規矩，使得一位臺灣來的太太感嘆自己好像生活在垃圾堆裡面一樣。紀念館有好多座，有一座專講日本的侵略，展示各種酷刑，真正令人髮指；連小孩子都得看這種殘酷的景象，不免太過分了。據說韓國的國民超過一半來過紀念館，這真是最有效的民族精神教育。我們在全世界跑都看到日本車，獨獨在韓國看不到日本車。韓國發展汽車工業，不免要付出沉重的代價，但他們決定付這樣的代價。他們反日的情緒是永遠不會消滅的，我也感覺到他們有相當強烈的反美的情緒。對中國文化，他們已接受為他們自己傳統的一部分。而這樣的文化反而在中國本土迅速地消失，這也可說是歷史的弔詭罷！

一九九三、十一、十八

談所謂東亞模式

這一年的《時代》雜誌好幾次用中國做封面主題。上一次談中國威脅論，這一次(六月十四日)的封面是孔夫子，主題是「民主：亞洲找到它自己的方式。」一文中引述了倡言「歷史終結」的日裔美人福山的說法，自從共產集團崩潰之後，能夠向西方自由民主的意理提出挑戰的，不是伊斯蘭的原教旨主義，而是東亞式柔性的威權主義。也就是亨廷頓所謂「不需要轉移政權的民主」，以日本、新加坡為代表，都是儒家倫理發生了巨大影響的地區。這是當前在世界上經濟發展得最好的地區，近年來亞洲人越來越有自信，認為西方文化千瘡百孔，絕對不能當作楷模來仿效，而必須找到自己的道路。

這篇文章提出了一些睿識，它強調亞洲的傳統與西方的傳統不同。西方人著重個體觀念，亞洲人突出社群觀念。西方人講權利，亞洲人講責任。西方人根本就無法解決他們的大城市的罪惡問題，在李光耀的談話之中，簡直就把西方當作反面教材來處理。我們固然不必能夠同意李光耀的許多觀點，但亞洲的確無須跟著西方走，譬如我們儘可以有更清潔、更安全、更繁華的城市，而這決不只是心中的幻想，乃是可以徵驗的事實。

當然這篇文章也有許多瑕疵。譬如說，它說儒家的方式是上面的領導人必須履行身教，作為萬民的表率。事實是，今天的東亞人誰還把政治領袖當表率？但他們還是喜歡依附某種威權，這卻是事實。文章分別開大傳統與小傳統，謂漢代建立的政治制度是大傳統，經宋代加以修正；小傳統是民間倫理，強調社團、教育、儲蓄與勤勞。其實大傳統應該指的是孔孟所樹立的精神傳統，宋明的新儒學對這一個傳統有所開拓，漢代的制度已是儒法雜用的局面，宋儒對之殊少貢獻；對小傳統的描繪則是很正確的。至於說日本的政治從任何一個角度看都是民主的，這卻是個笑話！日本的金權派系政治決不是民主政治的楷模，日本如今還在亟求改善，我們不需要這種不符事實的評估。李光耀的許多反民主的論調實難令人苟同。他說亞洲要的只是紀律，不是民主，臺灣的學者就明白指出，這種言論在臺灣是沒有市場的。

一九九三、七、十五

論傳統與現代

香港中文大學人文學科研究所強調科際的研究。其中一個研究計畫集合了文史哲各方面的十幾位學者做了一個有關現代化的研究，文章將在這個暑假收齊，印成文集發表。大家討論作進一步的探索，出乎意外的是，竟然選了「傳統」作為我們下一個研究的主題。為什麼由一個前瞻性的論題倒退為一個後顧性的論題呢？究竟是什麼理由促使學者們做了這樣一個看來似乎很奇怪的選擇呢？

這一個選擇之所以會看來奇怪正是因為人們不知不覺預設了由啟蒙到五四流行的歷史直線進行觀。這種觀點認為，歷史不斷在進步之中，新的科學技術與組織制度取代了舊的，除了為了好奇與保存記憶的動機以外，傳統是不值得一顧的，它們是阻礙我們走向現代與未來的絆腳石，必須徹底加以清除。「文革」恰正是這一種想法的激進的落實，其結果是造成對於傳統的肆意的破壞，那知並未能夠真正摧毀傳統，只是使得我們在現在變得更為貧困，在往未來走的過程之中更少資源可以應用罷了！

現在很多學者反對這種把傳統與現代一刀切開的看法。與派生斯合作的社會學家席爾斯出身於實證主義的陣營之中，卻肯定了傳統的意義與價值。歐陸的思想家有更鞭辟入裡的看法。解釋學大師高達美指出，沒有人能夠沒有「成見」。我們只能看到出現在我們的水平線上的東西。完全抽象普遍的東西是不存在的，我們所能做到的最好的可能絕不是不取任何一個特定的視域，而是「視域的交融」。

我們現在的新視域是建築在我們傳統的視域之上，而我們的傳統又都是通過了現在的視域解釋之後的傳統。這樣傳統與現代之間有一種不可分割的辯證關係。只有了解自己預存的成見才可能導致更大的超越自己的現有的視域的理解。我並不喜歡高達美實用「成見」這樣的字眼，因為日常語言中這個字含有太多負面的含義。但我承認他有很深的睿識，只有立腳於自己的傳統，自覺自己的傳統，才能更有把握地超越自己的傳統，開創現代與未來。此所以我們在研討現代化的問題之餘不能不深化研討傳統的問題，這樣才能對現代有更深刻的理解。

一九九三、七、二十二

單一宰制主義與激進分離主義的災禍

由啟蒙以來，因為西方文化的優勢的緣故，常常把自由主義的一些信念，如民主、自由、人權、理性、進步等，當作普遍於全人類的價值。但韋伯早就在憂慮現代西方式工具理性的無限擴展所產生的不良效果。許多傳統價值，像亞里士多德所強調的目的理性、成德的努力等，都在迅速地消亡之中。而這對人類來說未必是一件好事。哲學家麥金泰就在呼籲要回歸到一些傳統的價值。現在很有一些思想家認為不能把白人、安格羅、撒克遜、新教的價值強加在所有的人頭上，也不應該把男性的價值強加在女性身上。現在流行一種多文化主義的觀點，要求我們對不同的文化傳統都加以尊重。無疑這是一種值得讚揚的發展的方向。如果世界上不同的文化傳統都能夠不受到歧視，真正做到一種百花齊放的境界，那比單一的強勢文化宰制一切的局面，當然要合理得多了。現在西方的自省已經多少反映在流行的電影上，像達斯汀·霍夫曼擔任主角演的《小大人》，前年贏得奧斯卡導演金像獎的《與狼共舞》，都對印第安人提出了與以前截然不同的視域。最近在維也納開的人權會議就肯定了人權在各不同文化傳統有不相同的發展過程與方式的事實。

但在這裡我們必須避免掉入兩種陷阱之內。一種是過分強調文化發展的殊異性，而忘記了人權觀念的普同性。人權的觀念雖發展於西方，並不表示這樣的觀念不能用於東方。正好像汽車雖然發明於西方，東方人一樣可以學會開汽車，而且日本人現在可以造出比西方更好的汽車。我們不能用文化發展不同的藉口來剝奪自己國民的人權，雖然我們可以用適合我們自己國情的方式來發展人權。另一個更可怕的陷阱是，把民族文化的肯定當作一種唯一和絕對的價值看待。像南斯拉夫現在的情況，塞族、克族與回族各自採取了激進的分離主義的看法以及種族清洗的做法。這樣就不能不陷入一種無可收拾的亂局之內。俄羅斯的友人告訴我們，如果真要由種族主義的觀點出發，那麼俄羅斯就必須分裂成為七十幾個不同的國家。由此可見，激進的分離主義不是答案。只有在一種寬鬆的聯盟之下，各民族文化共存共榮，這才是可以找到真正出路的方向。

一九九三、七、二十九

宰制心理與受迫害心結

對於當前南斯拉夫的亂局，全世界的輿論都眾口一詞，指斥塞族迫害異族以及種族清洗那種慘無人道的做法。但是塞族人卻大叫冤枉，他們辯說自己才是受害者。數百年來他們都被人宰制，民族心理充滿了屈辱的感覺，現在他們不要再忍受下去了。所以他們所作所為是完全正當的，根本不明白何以世人對他們這樣不了解，對他們的譴責是絕對不公平的。

塞族人會有這樣的反應，對於世人來說實在是難以理解的。是他們在殺人放火，劫掠強姦，現在卻倒過來要人們同情、憐憫他們，這豈不是咄咄怪事。塞族人這種邏輯固然我們不能接受，但換一個角度來看，卻又並不是完全不能理解，我們看以色列的情況就能給我們一些重要的啟示。

數千年來，猶太人都到處流浪，受盡迫害，納粹的排猶更是令人髮指。難怪當猶太復國主義者作出努力要建立他們的國家時，在西方贏得了廣泛的同情與支持，終於導致了以色列的建國。然而西方人卻沒有想到，或者是故意忽視了，巴勒斯坦人同樣有在巴勒斯坦建國的要求與權利。這樣就造成了當前的情況。以色列人在巴勒斯坦扮演了宰制者的角色，對巴勒斯坦人進行了無情的迫害。就他們的心理來說，以色列這樣的彈丸之地，被群敵所包圍，如果不兇狠擊潰周圍敵對的力量，果斷地壓制佔領區內反抗的行為，那就變成了不可能生存下去的弱者。他們一貫假定西方對他們的無條件的理解與支持。一直到晚近，西方對以色列的輿情才慢慢有了轉變，多少同情巴勒斯坦人的遭遇，這才促成雙方的談判，為未來的轉變提供了契機。

二次大戰以後，我們總傾向於認為，納粹排猶的行為不可能在地球上再現。現在才發現人類的智慧不容易落實在具體的行為上。支配人的是要求宰制的心理，自己在迫害人，還感覺到自己是受害者。根本的問題在，這個地球村必須不同民族、文化傳統的人和平共處。故此將來唯一的希望在，宰制群放鬆一點，讓不同的民族文化多少有活動的空間，那才不會成為培養迫害與被迫害狂的心結的溫床，而可以嚮往一個新的世界秩序。

一九九三、八、五

論知識分子的獨立性

現代知識分子必須面對一種兩難情況：一方面他們有崇高的理想，卻不免與具體的現實脫節，另一方面他們想要在現實上發生作用，就不能不納入組織，結果卻不免喪失了自己的獨立的性格，理想也不得不大打折扣，乃至與原先的構想背道而馳。

盧卡奇正是一個典型的例證。他早年也屬於韋伯的圈子，被公認為才華橫溢，湯瑪士・曼《魔山》裡面的激進分子，就是根據他的形象而塑造的。他無法打進正統的學術界乃加入共產黨，變成了革命陣營內著名的理論家與文學評論家。我曾經看過他的名著《理性的毀滅》，發現他對歐洲哲學的傳統，特別是德國的唯心論，有很深刻的了解。但是他卻作出一些符合共產黨教條的陳腔濫調的論斷，令人懷疑究竟是盧卡奇在說話，還是黨的喉舌在宣教！正由於他對黑格爾哲學有很深的造詣，他常常由一個不同的角度闡釋馬克思，幾次三番被扣上修正主義的帽子。他每次都向黨低頭，終其生不敢觸犯史達林的權威。有一次記者問他，黨的領袖可不可以說謊欺騙民眾？他毫不猶豫地回答，為了達到革命的目的，什麼壞事都可以做。試問盧卡奇這樣的態度與美國德州邪教的信眾有什麼差別？知識分子竟然可以作出這樣的自我委棄的行為，實在令人感到傷痛。

沙特寫最後一部大著《辯證理性的批判》正是為了想解決個體與群體之間的矛盾問題。如所周知，早期的沙特是徹底的個人主義者，他認為意識的基本功能就是否定。但後期的沙特要搞社會活動，也不得不碰到納入組織的難題。他遂倡導一種修正的馬克思主義，他主張通過個體的意識以認同於群體；實存的抉擇仍然是個體作出的，只不過他自願讓自己歸屬於一個團體。七〇年代我還在南伊大執教，那時正好有一位蘇聯學者來訪問，我問他對這本書的意見。他說，人人都想修正馬克思，結果沒有人修正得了，此書也不會構成任何例外。現在這些早已成為陳跡，但個體與群體的矛盾未解。我決不反對任何人從政，納入某種組織。但總要有一些知識分子能維持自己的獨立性，只聽憑自己的良知發言，不作任何組織的喉舌！

一九九三、八、十二

吳宓與陳寅恪

北京清華文叢出了吳宓的小女兒吳學昭根據她父親的日記與遺稿整理出來的《吳宓與陳寅恪》一書。這部書讓我們了解他們二位的為人，長達數十年的友情與交誼，也闡明了他們的思想基礎，明白展現在我們面前，無須像以前那樣因為資料的欠缺而不得不訴之於臆測與想像。這部書提供了有價值的史料與闡釋，可以讓我們看到他們那個時代兩位中國知識分子的風貌。

吳宓與陳寅恪訂交於哈佛求學期間。以後吳宓回到清華辦國學研究院，聘王國維、梁啟超、趙元任、陳寅恪為教授。陳寅恪滯留國外多年，回清華以後與吳宓朝夕共處，彼此立場一致，可說屬於同一陣線。王國維投湖自盡，遺命請他們二位整理他的書籍。陳寅恪為之作挽詞並序，藉此抒說了自己的懷抱，吳宓也有相同的感受。大陸易手以後，陳寅恪終於去了廣州中山大學，吳宓則到四川西南師範學院執教，他在抗戰期間曾經歷婚變，到晚年又與夫人復合。一九六一年，吳宓由四川去廣州，這是他們兩人最後一次見面。文革時期，陳寅恪已盲，吳宓則因學生行為浪漫使他受到株連而被迫輟教。他曾經冒險發信到廣州詢問陳寅恪的境況，當然得不到任何消息，陳也看不到這封信，但這封信現在還存留下來了。最後他們都在身心飽受折磨之後鬱鬱以終。我們看到他們一生對於學術文化的熱誠卻落得這樣的下場，不能不為之長嘆息！

吳宓自承，陳寅恪對他來說是亦師亦友，有問題都向他請教。根據吳宓的說法，陳寅恪的思想仍以中學為體；尊君只是尊他的位，禮教不能輕棄，現代的商業社會金錢掛帥，是他所不喜的。但是中國文化也有它的不足處，缺乏超越的形上學，比不上西方古典希臘的傳統。六一年訪廣州，吳宓隨身帶了熊十力的《乾坤衍》閱讀，他問陳寅恪的意見。陳寅恪覺得熊的新唯識論主要是自己發揮，而歐陽竟無的內學院又考據得太過瑣碎。他不喜歡先秦，讚揚宋明因受到佛家的影響才成其深。我在學術上有些觀點不能苟同，但我欣賞他志行的超潔。可嘆他國民黨尚且不能接受，更何況共產黨。後來他只求避禍而竟未能，哀哉！

一九九三、八、十九

讀馮友蘭《中國現代哲學史》有感

一九九〇年在馮友蘭逝世以前，終於完成了他的《中國哲學史新編》的七卷本，那知在出版方面還是遇到了周折。前六卷在大陸順利出版了，第七卷據說因為批毛，於北京現在還不能出版，只得改名《中國現代哲學史》，在九一年由香港中華書局獨立出書。

在這部書的自序中，馮友蘭提到，七七年老妻任載坤去世的時候曾經寫過一副輓聯：

同榮辱，共安危，出入相扶持，碧落黃泉君先去；

斬名關，破利索，俯仰無愧怍，海闊天空我自飛。

寫到這書的最後一章時，真感覺到「海闊天空我自飛」的自由了。

回憶八二年在夏威夷開國際朱子會議的時候，馮友蘭由女兒宗璞陪同，應邀在會外為與會的華裔學者講話，他特別提出了「修辭立其誠」一語，頗令我們感到錯愕。那時他就提到要寫七卷本的構想，我們都鼓勵他儘量寫出他真正相信自己的東西，不必太顧慮外間的批評與別人的意見。後來他果然比較勇於發表他自己的見解，還說平素好發怪論。其實他所謂怪論也者，舉個例來說，他大批太平天國，大捧曾國藩，這只不過是相對於中共官方意理的怪論而已，對於海外學者來說，算不得什麼怪論。在第七卷之中，他對毛的晚年有相當嚴厲的批評。他把毛的思想分成三個階段：新民主主義階段，社會主義階段，極左思想階段。他認為新民主主義的分析是符合中國實際國情的，社會主義階段已是趨於空想，最後竟陷落在毛自己一貫批判的極左思想之中，搞出文革的大破壞來，簡直是荒謬。其實這種說法並沒有背離現在官方批毛晚年偏左的基本立場，不知中共為什麼竟然缺乏雅量，不許第七卷在大陸出版？或者這是證明，北京掌管學術文化的領導層還是由一批思想僵化的人當道！

這部書的緒論還有一節論中國現代革命時期的階級分析，但到了最後一章總結，所謂的階級分析卻完全不見了。他盛讚張載的「大其心」是「自同於大全」的「精神境界」。他又特別提舉出張載的一句話「仇必和而解」為辯證法對立統一規律的精義，與馬克思主義的「仇必仇到底」的思想恰正形成強烈的對比。或者這也是此書在大陸被黜的一個原因罷！

一九九三、八、二十六

賀麟與當代新儒學

在馮友蘭的《中國現代哲學史》之中，最後幾章講中國哲學近代化時代中的理學和心學：前者以金岳霖與他自己的哲學體系為代表，後者則以梁漱溟與熊十力的哲學體系為代表，而未及於賀麟。馮友蘭自有他取捨的理由，因為賀麟在清華讀書時受到老師吳宓的影響，曾致力譯了大量西方哲學的典籍，並未建立自己的哲學體系。但大陸如今做現代新儒家的研究，仍把賀麟包括在內，並把他當作「新心學」的代表人之一看待。北大青年學者張學智於九二年出了《賀麟》一書（東大圖書），對於他的思想頗有同情的了解。此處擬略論賀麟與當代新儒學的關係。

有趣的是，馮友蘭檢討他自己的「新理學」的哲學體系的根本失誤在於，沒有分別清楚「有」與「存在」的區別。他一方面贊成金岳霖的提法，說理是不存在而有，另一方面又隨同新實在論的說法，以共相（理）為「潛存」，也是一種存在，這就陷於自相矛盾之中。他到晚年完全沒有保留地接受了金岳霖的說法。

其實《新理學》在抗戰時期出來，四五年賀麟檢討五十年來的中國哲學，就曾提出相當深刻的批評。他認為理與心應是同一的，宇宙本體應是即理即心的，馮友蘭只注重程朱理氣之說，而忽視程朱心性之說，並且講程朱而排斥陸王。賀麟多次指出，格物窮理即所以明心見性，窮理的對象是即心即物的，窮理即窮本心之理。金岳霖是馮的同調，他所謂理，只是心審議的對象；是在心外的。金的說法是根本排斥「心即理」、「心外無理」的心學根本觀點，他所謂心只是心理上的官能，是洛克、休謨式的心，不是具玄學意味的心，玄學意味的心，應該是即心即理的。

賀麟認為中國現代哲學的一大趨勢，就是陸王心學的復興。而且早在四一年，他就在《思想與時代》第一期發表論文〈儒家思想的新開展〉，首次自覺地提出「新儒家」的觀念。但他決非抱殘守缺之輩，他反對中體西用說，而主張以精神或理性為體，以古今中外的文化為用。九一年在慕尼黑的國際中國哲學會，張學智曾婉惜賀麟自己的聲音在四九年後突然沈寂了下來。八三年賀麟應邀到中文大學來交流。他的思想雖原創性不足，但深於黑格爾的研究，率先倡導新儒學之功還是不容抹殺的。

一九九三、九、二

民主政治的歧途

這個學期我由中文大學休假，由八月開始到中央研究院的文哲所做研究。到臺灣剛好碰上了國民黨的十四全大會，八月下旬則在人文社會科學所開了一個「民主理論：古典與現代」的學術研討會。每天看報紙上如火如荼有關選舉中委、中常委的報導，另一方面則關在會場之內聆聽有關由古至今民主理論的討論，真是形成了一個強烈而有趣的對比。

現實政治完全受到現實利益的牽扯，情況瞬息萬變，令人嘆為觀止，而賄選醜聞餘波盪漾，迄今未息。學者通常對於現實政治採取一種批判的態度，而理論的研討完全是在另外一個層次上面。這還是我第一次與該所打交道，意外地發現所內的哲學研究相關的學者竟有十一位之多，與文哲所專門研究中國哲學的學者實在應該有進一步的交流。所的特色是研究人員的平均年齡低，學有專攻。這次舉辦的研討會質素很高，臺灣研究政治哲學的學者幾乎一網打盡，還有好幾位海外到臺灣訪問的學者，大家討論得很熱烈，也有針鋒相對的辯論，情況十分不錯。

由這次研討會使我感覺到學界對於民主的了解與街上人對於民主的了解，彼此之間的距離是多麼遠！由稍為深入的觀點看，不只民主並不能由「一切由人民作主」這一句空洞的口號來表達，也不可單純理解為議會政治或多數決。西方的知識分子對於西方所實行的民主，其實有十分辛辣而銳利的批評。已故殷海光教授最佩服的《到奴役之路》一書的作者海耶克就明言自由的真正保障是法治而非民主，現代議價式的民主其實已遠離原始建立在多數人們認可的公意的民主理想。由批判理論翻出來的哈柏瑪斯更不待言。以前他的《溝通理論》只有很少的篇幅討論政治，去年出版德文新著，吸納共和主義與自由主義的思想以重建民主理論，即是為了彌補這一缺失而作。但是他仍相信，只有個體理性成熟，足以作獨立自主的判斷，才能不為意識形態所欺矇，參與合理的政治決定，如此才能實現真正的民主。這樣就仍然在「應然」與「實然」之間留下了一道鴻溝，畢竟難以落實。

但是西方知識分子的批判，並不是要我們放棄民主，而是要我們作進一步的努力，促成民主精神的真正實現，這也提醒我們不能只向西方現實的民主學步，也還要學他們的精神，培養民主的文化，才能真正走上民主的道路。

一九九三、九、九

談中國的階級模式

讀文崇一兄大文〈官民階級與階級意識：中國的階級模式〉，頗引發了我的一些思緒。他不贊成馬克思的辦法，完全以經濟因素來界定階級；他比較傾向於韋伯的看法，在財產之外同時也考慮權力、聲望；經濟力、政治力（政黨）、社會力（地位）得關聯在一起來考慮。由這樣的觀點來著眼，中國過去也有階級與階級意識：據崇一兄的研究，階級一詞緣起，始見於賈誼《新書》，而且在中國古籍之中，階級與等級差不多是同義詞。據他歸納綜合的結果，應可分為官紳（或仕紳）、地主、農民（或工商）、賤民（或奴僕）四個階級，前二者重疊的部分可能較多，但階級區隔依然存在。再簡化就是官民兩階級，在階級意識上也是如此。他又指出，這種階級結構，完全是由歷史、文化演變而成的，兩種階級結構明顯是由職業結構轉化而來。不同階級的利益、意識相當清楚，但官、民的階級衝突卻並不如想像中的強烈，其間必有些特殊因素使階級鬥爭緩和下來。他找到的解釋是，由於中國人的家族意識、地方意識、倫理意識、命運意識，加上階級的職業化傾向相對地增加了階級間的流動，起了緩和的作用。

崇一兄的大文給我很多啟發，但階級問題實在太複雜，所以崇一兄的長文還是難以籠罩一些有重要性的論題，加以充量的發揮。我必須自承，我的階級觀念十分薄弱，原因是我受了梁漱溟、錢穆等先生的影響，根本不相信中國過去有馬克思講的那種固定的階級，遑論階級鬥爭。

但崇一兄講的官民的對立，那當然是有相當根據的。然而崇一兄取兩階級理論作分析，雖然掌握到一些面相，同時也遺漏了一些面相。他沒有著力撰寫主權在皇帝的政治架構，於是無法彰顯出仕紳在皇帝與老百姓之間所扮演的中介角色所發生的重大作用。君子思不出其「位」，對上是盡忠，對下是愛民，整個社會的理想則是「和」。這樣的規約理想雖不易做到，但的確發生了影響，只有到太不像話的時候，一個朝代才會崩潰，代之而起的又是另一個朝代。一直要到西化東漸之後，整個社會發生根本的變化，職業的革命家鼓吹階級鬥爭，這才發生了幾千年來未有之變局。而革命又產生了新階級，這遠超出崇一兄文的範圍了。

一九九三、九、十六

毛澤東早年思想的轉變

近年來對於毛澤東早期的思想與讀書生活，有比較實事求是的研究，像汪澍白、李銳的著作都有可觀。我覺得有趣的是，毛年輕時的探索過程與我自己年輕時的探索過程，距離並不是那麼遠。一九四九年我到臺灣，在成功中學讀了兩年高中。那時到新公園的省圖書館去看書，架子上還有艾思奇的《大眾哲學》與蔡尚思由唯物史觀講中國思想的一些書。五一年返臺大哲學系，書還沒有禁，沒有了考大學準備功課的壓力，我遍讀臺大圖書館有關中西思想諸書，在精神上與大陸完全沒有切斷，不像比我低一班的同學，突然之間無書可讀，活在完全不同的另一個世界之中。

毛澤東生長在湖南的農村，新的潮流接觸得較晚，少時也讀《三字經》、《四書》一類的東西，後來崇拜康梁，《新青年》出來，對他影響很大，轉而佩服胡適、陳獨秀。但他並沒有一下子就接受全盤西化的思想，追隨他的老師楊昌濟，取中西綜合的觀點。在近人之中，他獨服曾文正。在給黎錦熙的信中，他還在講學問的大本大源。但他也在同時吸收西方的東西，除了嚴譯諸書之外，對他影響最大的是楊昌濟用來做教本，德國新康德派哲學家泡爾生的《倫理學》，現在還留下他當時的批語。一直到此為止，他和我的少年經歷的心路歷程並沒有很大的差別。我小時也背過《四書》，經歷過崇拜梁啟超、胡適的階段。在大學讀書時看泡爾生的《倫理學》，很欣賞他的觀點。

但毛澤東很快就由理論的探索轉到了實際的行動，終於放棄了改良主義的思想，走上了激進的革命的道路。而毛澤東與其他共產黨人不同的地方在，他留在中國考察農村的實際情況，走群眾路線，推動農民革命，締造了人民共和國。功成之後，梁漱溟與毛討論，也不得不承認毛對農村的理解比他自己正確。

但不幸的是，毛只明白槍桿子裡出政權的道理，卻不明白馬上可以得天下、並不可以治天下的道理，以致釀成文革的巨禍。梁漱溟在文革之後重新檢討，又回到自己以前認為中國傳統社會缺乏明顯的階級分野的見解，並強調人情的重要性，嚴正批評毛晚年的昏亂，以至在八二年官方不批准他出國，去夏威夷參加國際朱子會議。

一九九三、九、二十三

盧山會議的悲劇

早就聽說李銳的《盧山會議實錄》一書寫得不錯，但是等我想買的時候，坊間已經找不到這部書。還是在七月間去史丹福大學交流，在胡佛研究所借了好幾本李銳的書，這才看到了《盧山會議實錄》，讀後真正令我感慨萬千！

一九五九年七月在盧山開會時，李銳還是毛澤東的祕書。在上半個月開的是神仙會，並沒有劍拔弩張的氣氛。當時某種程度的黨內民主還是有的，有的人還敢於面對實際情況提出問題。左的冒進是不利的，大躍進、人民公社、土法煉鋼、三面紅旗已經引起了社會上強烈的反彈。連毛自己的總結也只說：「成績很大，問題不少，前途光明」，劉少奇則主張：「成績講夠，缺點講夠，鼓足幹勁」，才能解決問題。而彭德懷上山時，在火車上就看到沿途飢民衣衫襤褸，他簡直食不下咽，根本懷疑高產報告，乃猛烈炮轟公社、煉鋼一類的口號之不切實際，必須糾左，反對第一書記獨裁。他給毛的萬言書印發下去，乃觸發會議整個變質成為一場反彭的鬥爭大會。

平心而論，彭是觸及了一些禁忌，他抨擊黨內的小資產階級心態之易於陷入狂熱，又引史太林晚年的昏亂為戒。他也的確在火車上的閒談中說了錯話，竟謂如不是中國的工人好、農民好，可能要請紅軍來，以至引起毛聲稱要另組解放軍的強烈反激。毛擅於合縱連橫，羅織罪名，逼迫同志人人攤牌，與彭總劃清界限。葉劍英、聶榮臻還親訪彭，要他自我檢討，譴責他「毛澤東同志健在時，你就這樣，將來誰管得了你。」這真是倒打一耙。最後定性乃謂彭是個人野心家；偽君子；有計畫、有準備、有組織陰謀奪權，動搖總路線；與主席的關係是三七開，三分合作，七分抵制。從此被打入冷宮。毛對他的批評是，囿於經驗主義思想，不懂政治掛帥，所以反對激進改革、人民公社。

如今彭固然得到了平反，但歷史的弔詭是，彭當年正是為了反對毛的個人崇拜，卻反而更進一步促成了對毛的個人崇拜，後來劉少奇等附和反彭的人比彭的下場更慘。李銳的總結是，毛在前期，二十八年中間從不輕視敵人，主政之後，卻驕傲起來，主觀膨脹，乃把中國帶入災難之中。

一九九三、九、三十

鄧小平的起落

最近海外傳出鄧小平健康不佳的消息，引起許多揣測。而鄧到了接近落幕之年，在作風上也似乎的確有了一些改變。譬如說，他以前從不鼓勵別人作他的傳記，但最近他的小女兒鄧榕（小名毛毛）卻為他撰寫傳記，即使不是出於他的授意，也必得到他讚許，並給與大力協助，殆可斷言。這部傳記自有其某一方面的權威性，譬如關於他的家世方面，原來他們的先祖來自江西廬陵，恰恰是我的先世的小同鄉，後來才移居四川。他們一向姓鄧，從來不姓闞，在法國時與李璜先生也沒有交往，顯係李的誤記。鄧比較顧家，專注實幹。在黨史方面，這部書也提供了一些資料，有人懷疑鄧沒有參加遵義會議，此書則明言鄧的確曾與會，毛澤東也的確是通過這次會議才取得領導權。對於國際派，特別是洋軍事顧問李德則大加撻伐。毛早年也是挨整的，鄧則曾經與毛澤覃一同挨整，而這到後來卻變成了正面因素，因為毛親筆批准他復出的文件就提到這一香火因緣，而鄧從未加入其他派系批毛。相形之下，毛岸英在韓戰時死亡，這雖純屬意外，毛對彭德懷的銜恨，也就不言而喻了。

鄧的三上三落，早已成為一項傳奇。逯耀東兄在大陸旅行時曾經買到一種鄧小平茶，送給我幾包，茶的質地並不很好，特色是放在玻璃杯裡泡，就可以看到裡面的茶葉三上三落。鄧流放的日子很不好過，連大兒子都變成了殘廢，那麼他究竟有怎樣的反省呢？很明顯，他雖然仍捧著毛澤東的神主牌，卻決不可能完全同意毛澤東的一套，事實上他給與毛的評價也只不過是七三開。

如今大陸在編鄧選，好像要在他死以前奠定他的思想家的地位。但是鄧實在拿不出一套理論，他的解放生產力論可以接上資本主義的許多設施，但決不是正統的馬克思主義的觀點，模糊了社會主義的界線，引起了思想上的混亂，難怪引起了一些左王的反彈。但鄧的開放又不是徹底的，僅限於經濟的層面，政治上仍走保守路線，這樣就留下了被左派反撲的危機。而他對如何防止獨裁專制的禍害完全缺乏反省，他的起落未能促使他作出深一層的思考，這是至可遺憾的！

一九九三、十、七

應然與實然的分別與關聯

在專欄裡的錯字，我通常不去更改，但這一次有一個字卻非改不可。在我寫〈鄧小平的起落〉的短文中，原文是：「鄧則曾經與毛澤覃一同挨整」，「覃」字誤成了「東」字。澤覃是澤東之弟，當然免不了受到老毛的牽累，但到底與老毛一同挨整意味不同。為了避免以訛傳訛，我覺得有責任加以澄清。齊桓兄在實然層面上解析老鄧的心理，我完全同意，並且還可以作進一步的發揮。歷來的超級領袖都有一種共同的心理特徵，就是死不認錯。毛澤東在世時誰敢說他錯，廬山會議彭德懷批逆鱗就構成了冤案。但毛死後，到現在大家都說老毛錯了，為彭總平反。老鄧也一樣死不認錯，在他有生之日，反右、魏京生、六四都得不到平反。但等他見馬克思之後，預料局面就會完全改觀。哲學家講的是應然的層面，表面上看，空談理想似乎不切實際，其實不然。

徐道鄰先生在世時曾有一種有趣的說法：國民黨在臺灣搞民主是「弄假成真」。以前有人說老毛是真小人，老蔣是偽君子，比較起來，真小人還可愛些。我說不對，起碼偽君子有些壞事還做不出來，口頭要講些門面話，空的理想講久了，便有可能造成轉變的契機。老鄧的形態是在真小人與偽君子之間，我們當然希望老鄧在臨死之前，作出與小蔣類似的改變，把中國往建立民主體制的道路向前推進一步。

應然的理想如果過分脫離現實，那當然就會完全沒有影響，但有許多理想是根據現實的情況產生出來的，逆之而行即有不良的後果，此所以我們亟望負責決策的超級領袖能夠「悟」到這種骨節眼上的利害之所在。就以香港而論，以往中共的政策大體是務實的，即使在文革時代，也維護了香港的安定繁榮。不想到了香港快要回歸祖國之際，反而出現了不務實只講意識形態的傾向。無疑，老鄧對鐵娘子說大陸可以在幾個鐘頭之內收回香港，魯平說沒有大陸的協助，肥彭立刻變成無腳蟹，這些都是不錯的。但要是這樣，何必苦心經營「一國兩制」的方案呢？卻不想想這些言論在國際上引起了怎樣的觀感呢？外國現在正要把中共繪製成一個超級的軍事經濟強國，當作假想敵來對付，豈非恰好墜其術中嗎！我們亟望超級領袖能夠改取低姿，作出一些小讓步，找到一種順應香港民情、符合國家利益、不違世界潮流的折衷方案。若然，又何懼昧於大勢的垂死的僵化勢力的反撲呢！

一九九三、十一、四

從釋放魏京生說起

魏京生坐了十四年半牢，終於得到釋放了。內人在電視上看到他略帶浮腫的臉，牙齒缺了好多顆，從心裡感覺到痛。到底魏京生犯了什麼過錯呢？其實什麼過錯也沒有犯。他就是對於民主的覺悟太早了一點，率先提出了「第五個現代化」，而且公開表達了他對鄧小平的不滿，因為鄧小平的方式依然是獨裁。這樣就是犯了十惡不赦的罪，在黑牢裡關了十五年。人生有幾個十五年呢？他現在四十三歲。記者問他會不會主動與八九民運的學生領袖連繫？他說不會，他們的年齡小太多了，他進監獄的時候，他們還是小孩，好像彼此之間已有代溝存在一樣。

由魏京生與記者的談話之中，令人感到高興的是，他的精神仍然高揚。他從來沒有後悔過，為了爭民主，就得準備去坐牢。而他頗顯露了一種很多八九民運的學生領袖所欠缺的成熟的智慧。他不認為爭民主一定要走激進革命的道路：不是今天有那麼一幫人把共產黨推翻，明天就民主了。那倒是挺危險的，如果真有那種事，很可能又是一種新的獨裁，是不是比共產黨更好，那也不敢說了。他也不認為民主與共產黨不相容。民主應該包括各個不同的黨派、意見，像法國、義大利那樣，共產黨很強大，並不影響當地的民主。中國將來也該這樣，不應該是這個黨把那個黨吃掉，又造成一種獨裁。當然中國的共產黨是不會自動放權的，民主的動力還是來自人民。人民的願望，和人民對民主的認識及覺悟是重要的，還得要大家具體去幹，去爭取。

另一方面是執政的政府逐漸的讓步，逐漸的改革。實行民主並不會亂，最近幾年的亂實際都是因為壓制民主、壓制人權，制度不合理，情緒不得發洩，能力不得發揮等問題所引起的。對於老鄧，他既沒有恨，也沒有愛，老鄧做得對的就支持，不對就反對，也不咒他速死。看來八十幾歲的老鄧對體制問題的反省，深刻的程度還不如四十多歲的魏京生。這次釋放魏京生，顯然與爭取在北京辦奧運的實用動機有關，據說毛毛也發生了作用，說服老爸提早釋放了魏京生。但毛毛的位置竟像是昔年的毛遠新，獨裁者身後不免禍延子孫，老鄧的心裡能不有所警惕嗎？

一九九三、十、十四

附記：魏京生後來又被抓進去，到現在還沒放出來，令人遺憾。

讀胡風冤獄有感

每日看本報同文羅孚先生的專欄，講胡風冤獄的故事，真有觸目驚心的感覺。我和羅孚先生不熟，以前他在《大公報》、《新晚報》，我在新亞書院，彼此道路不同，只在已故徐復觀先生那裡見過一兩次，可以說是沒有來往。但羅孚先生以莫須有的間諜罪名繫獄，卻引起了我們的關注。羅孚先生返港，寫作沒有了顧忌，知道的事情又那麼多，文化界人人都愛讀他的文章。我曾略盡棉薄促成新亞書院邀請羅孚先生到雲起軒演講，無線電視來拍攝了這一次晚餐座談的經過，可以說是以往絕對不能想像的事情，由此可見時勢轉移之難以預料！

由羅孚先生的回憶中，我們知道在文革時期，他在香港做過恐怖分子，可見其「忠黨愛國」之忱。那時珠江浮屍出來，左派分子也看不到鬥爭的慘酷與恐怖性。但如今視域一改變，立刻形成了一幅完全不同的景象。他寫胡風冤獄，下筆平鋪直敘，娓娓道來，不需要任何誇張，就看得人冷汗直流。不只擁護胡風的人，連與胡風絕無瓜葛，甚至反對胡風的人，也變成了胡風分子，個個被整得死去活來。毛澤東親自號令，人人都得與胡風劃清界線。我常常覺得胡風是魯迅的替死鬼，魯迅早死實在是他的幸運。巴金《隨想錄》講起批胡風的往事，這些實在是很不光彩的事情。但巴金能夠講了出來，還表達了一種悔恨的心情，這就使得巴金不同凡響。試想是怎樣一種制度造成了如此的人間地獄。是在這些事件的樸實無華的描述之中，我看到了羅孚先生的真正覺悟與懺悔。

胡風事件還引起了我自己少年時的回憶。我在上海讀位育中學的時候，新來一位個子小小的同學，名字叫張曉谷，老師常常在班上對著我們朗誦他的文章，稱讚他不愧為名作家胡風的兒子。那時我們一群頑童有些欺生，也故意要逗他開他玩笑，硬說他一定是電影明星胡楓的兒子，否則怎麼會姓張？氣得他眼裡包著淚追著要打我們。後來玩熟了，到他家，見到他爸蓬著頭髮，穿著隨便，根本不知道他是文壇那麼重要的人物。聽說曉谷也受到牽累，我從不敢嘗試與他連絡，他學工，過了三十也沒姑娘肯嫁他，一直到冤獄平反之後才結了婚。在另外一種情況之下，他不也有可能成為大文豪嗎？委實令人慨嘆！

一九九三、十、二十一

對於亨廷頓文明衝突論的回應

哈佛政治學家亨廷頓在今年《外交事務》夏季號發表長文〈文明的衝突?〉，立論驚人，立即引起熱烈爭論。中文大學《二十一世紀》十月號已將全文譯出，並有金觀壽、劉小楓、陳方正三位學者的回應，很值得一看。亨廷頓認為，過去數百年來君主與君主、國家與國家、意識形態與意識形態之爭已經過去了，未來是文化、文明與宗教之間的衝突。湯恩比曾經提到二十一種文明，今日的世界形態大體取決於七八種主要文明的互動，它們包括西方、儒家、日本、伊斯蘭、印度教、斯拉夫——東正教、拉丁美洲，亦可能包括非洲文明等。依亨廷頓的分析，西方應促進內部的團結，將文化與西方接近的東歐和拉丁美洲社會融入西方，維繫跟俄羅斯與日本的合作關係，抑制伊斯蘭與儒家國家的軍事擴張，這樣做才能夠符合西方的利益。

老實說，亨廷頓的高論簡直比福山的歷史終結論還要荒謬，但福山並非學術界的人物，亨廷頓卻是盤據在哈佛已四十年的當代政治發展理論權威，那就不能不令人感到驚詫了！亨廷頓唯一的睿識是，文化因素不能化約為政治、經濟的因素，但是他的立論卻又把文化、政治、經濟混在一起講，這樣就缺乏學術的嚴格性，既得不到實證研究的支持，又不能顯示理論上的高瞻遠矚，於是陷入泥淖之中，在已有的混亂之外再增添了新的混亂。

亨廷頓徒執著一些表面的現象，如海峽兩岸、新加坡、香港能夠超越意識形態的差別，在經濟上合作，於是跳到了文明結合的結論。事實上這些地區彼此間的合作並不超乎經濟利益的需要，臺灣與大陸經過數十年的隔絕，在文化上已經有了重大的差異，而臺灣之獨立始終是個懸而未決的嚴重問題。至於伊斯蘭與儒家國家的聯合，那更是匪夷所思：大陸也有少數民族分離的隱憂，與伊斯蘭只能站在對立面，彼此的軍火交易只是基於利益的需要，西方不也大賣軍火給雙方嗎？而大陸那樣的國家有資格叫儒家國家嗎？它要真能進行儒家「和而不同」的中庸理想，那可是世界之福了！老實說，美國的利益在於恢復國民的工作倫理，調和種族紛爭，否則不免禍起蕭牆之內，亨廷頓的轉移目標向外的策略是不會奏效的。

一九九三、十、二十八

從正午的黑暗醒來——與政治人談哲學

哲學與政治好像分據光譜的兩頭，簡直是南轅北轍，沒有任何共同點。哲學談理想，政治講現實，怎麼能夠找到共同語言互相對談呢？最典型的案例是孟子見梁惠王，由《孟子》一書我們可以看到梁惠王的膚淺，令人鄙薄。但我們通常不會注意到，梁惠王對孟子也有很尖銳的批評，他認為孟子迂闊，不切實際，無濟於事。梁惠王要的是富強功利，而孟子講的是仁義道德，二者之間的鴻溝是難以跨越的。

然而這個樣子談哲學與政治，已經預設了對於哲學和政治的某種特定的觀念，不免過於編狹。其實哲學未必不能談現實，政治也未必不能談理想。哲學家可以對現實政治作敏銳而入木三分的分析，最明顯的例證是馬基維利，他的論著是在數百年間歐洲統治者的必讀書。在中國也是一樣，比馬基維利還早一千多年，韓非已經撰文論八姦，對於現實政治有深刻的了解。人主對於人臣，決不是要推心置腹的信任，而是要嚴加防範，免得被其所乘以成其私。

人主要提高警覺的是：（一）同床；（二）在旁，指左右、近習而言；（三）父兄，指側室、公子而言；（四）養殃，指子女、狗馬而言；（五）民萌，指行小惠以取百姓的人臣而言；（六）流行，指施飾虛辭以懷其主的辯士而言；（七）威強，指養死士以恐群臣百姓而行其私的人臣而言；（八）四方，指重賦斂，虛其國以事大國，而用其威求誘其君，甚者舉兵以聚邊境而制斂於內的人臣而言。以上我用最簡略的方式介紹了韓非的思想，基本上他就是要人主做獨夫，賞罰是二柄，必須操在自己手中。如果老虎把爪牙給了狗，那麼牠反過來要害怕狗了。莎士比亞的《李爾王》正是人主放棄了二柄所釀成的悲劇。

然而韓非的觀點又走上了另一個極端，不只秦亡以後，中國的朝廷政治並沒有採取法家的說法當作指導的意理，而且由這樣徹底現實的視域根本就無法理解啟蒙時代以來的世界政治。推動法國大革命、美俄革命的一個極重要的因素恰正是理念的力量。到了今天，我們目擊東歐與蘇聯共產主義的崩潰，不免會感覺到所以造成這樣的發展理由似乎是自明的。反倒比較難以回答的一個問題是，何以這樣無理的東西竟然可以迅速席捲半個地球，維持了超過半個世紀那樣長的時期呢？這是理想與現實結合形成的一個怪胎，值得我們好好地思索，作比較深入的探討。

讀汪澍白對毛澤東早期哲學思想的研究，就可以清楚地看出，毛早年是一個改良主義者，受梁啟超的影響很深，後來才走上激進革命的道路。這是一個十分典型的案例，要是套進世界哲學的視域下來看，效果就會更明白地突顯出來。黑格爾已經充分體認到理性落實到歷史以內的問題的重要性。馬克思把實踐看得比理論更重要，但還缺乏有效的行動。列寧建黨，使革命落實在貧窮落後的俄國，這才把社會主義變成了一個世界性的運動。而理想與現實糾纏在一起，形成了一種極為錯綜複雜的關係。要缺少理想的熱狂，根本就不能想像這樣的運動的可能性，而革命組織是一個在現實上有強大的行動力量與嚴酷的黨紀的團體。論者說列寧是一半天使一半魔鬼的組合，這是很有道理的分析：因為他一方面有崇高的理想的嚮往，另一方面也有殘酷的鬥爭的手段。而這樣的情形對於參與革命行動的知識分子來說，就造成了一種高度緊張的關係。一旦納入組織以後，為了服從黨紀，就不免要作許多違心之論，甚至做出許多個人良知難以接受的違背道德倫理的常規的行為。有人曾經問過盧卡奇，黨的領袖是否可以對黨內同志撒謊欺騙？他的回答是肯定的：共產主義倫理以承認必要的惡為崇高的責任，這是革命要求我們作出的偉大犧牲，共產主義者相信，經過歷史的辯證法，惡將轉化為善。試問這種說法與最近釀成悲劇的德州邪教的信徒的信仰有什麼差別？他們認為他們的精神領袖柯拉許可以犯罪，因為上帝之子為人贖罪，首先要有對於罪惡的親身的體驗。而這種做法很容易為狡黠之徒利用來作徹底獨裁的藉口與根據。柯斯特勒的《正午的黑暗》，歐威爾的《一九八四》早就把裡面所牽涉到的問題與效果暴露了出來，然而一直要到晚近，極權統治的秩序才戲劇化地崩潰瓦解下來。

經過了大半個世紀的災難的經驗，激進社會主義的實驗徹底失敗，現在人才終於醒覺到，常識的喪失可以為人類帶來多麼巨大的災禍！由這個角度來看，中西的大傳統都可以為我們提供一些極有價值的資源。中國傳統早就有〈禮運大同篇〉的烏托邦的構想，但列代中國仕人並沒有好高騖遠，聽任情緒支配，而長期維持了一個所謂超穩定的結構，一直到近代才受到了挑戰；同時中國人知道徒法不足以自行，故非常注重人的品質與教育的因素。而西方則提供了現代的科技，自由、民主、法治的政治架構。這個架構絕不是完善的，此所以在啟蒙之後才會產生大規模的激進的社會主義的運動。但到如今，我們才充分體認到，儘管民主並不是最好的方式，但我們還找不到比這更好的方式。正如杜威所說的，只要民主的機制能發揮一種自我改善的機能，那就不至於帶領我們走上災難性的道路。儘管現在人對於這種想法還有許多懷疑與保留，我自己仍深信，畢竟常識與理性是我們最好的嚮導。如今臺灣正走上一個政治的新階段，我希望從政者好好地反省，在理想與現實之間覓取動態的均衡，而不要為激進的外表所惑，迷失了自己的方向。

一九九三、七、五

輯四

對於現代知識與社會問題的回應

境界與知識

最近重新看牟宗三先生寫的《五十自述》，有很深的感慨。全書共分六章。上次看到這些文字還是在東海大學的時代，那時還只是原稿，只流傳在親近牟先生的一個小圈子之內，大家輪流傳閱。轉眼三十多年過去，書中後四章曾發表於各雜誌，唯首二章則未曾發表，一直到八九年才由鵝湖將全書出版。有趣的是，我最愛的是第一章〈在混沌中長成〉，那時牟先生還只是個農村的孩子。他在混沌之中，生息在大自然的懷抱之中，通過自己原始的生命，體證到一種天人合一的境界，文字之美，感人心脾。當然人必定會由這種原始的混沌爆破開來，每個人會隨著自己實際的機緣，特殊的氣質，走上自己生命的道路，找到新的平衡。書的第二章〈生命之離其自己的發展〉，牟先生回敘自己脫離農村，走進城市，開始他的哲學探索的經過。其實不止哲學家需要境界的提升，社會上各行各業的工作者都需要境界的提升，否則一切唯利是圖，追逐權勢，倥傯度日，到頭來究竟不知道生命的意義是為了什麼，豈不可悲！

然而境界雖然重要，卻不能夠代替知識。最近重新翻閱《閱微草堂筆記》也有很深的感觸。中國傳統講陰陽調和，誠然展示了很高的智慧，但應用下來講生命的實際，所謂男女構精，卻是玄想與常識的混合，完全缺少科學知識的精確性。現在的科學雖然還是無法解開生命起源的奧祕，但我們已經知道構成男女的基因的差別，並且發展了人工授精的技術，不止可以控制生男或育女，甚至不育者也可以讓他們有後，不再把一切委之於命。而現有的知識還可以不斷地突破，精益求精，更上層樓，永遠沒有休止的時刻。

然而現代人在科技和商業上的成就並沒有使得他們更幸福。恰好相反，現代人所感到的疏離遠勝於往昔；現代人也缺乏足夠的智慧使用所獲得的知識。譬如說，如果聽任人們有充分的自由選擇生男育女的話，很快男孩的數目便會超過女孩，而破壞了自然生態的均衡。陰陽調和、天人合一始終是不可違逆的規約原則。如何在境界和知識之間找到新的平衡，正是現代人必須面對的最大挑戰。

一九九四、二、二十四

《閱微草堂筆記》的世界觀

《閱微草堂筆記》展示了一個三層的世界觀：最上面的一層是神聖仙佛，中間的一層是人間，下面的一層是妖怪狐鬼，各有一定的統屬。

這樣的世界觀與中國民間的世界觀最為接近。有趣的是，紀曉嵐崇信這樣的世界觀，決不因為他迷信。恰正相反，他認為自己所持的是一種更為開放更為合理的態度，正像莎劇中荷瑞西阿對哈姆雷特所說的一樣，世間超乎我們理解的事實在太多了。故此紀曉嵐對儒家不語怪力亂神的狹隘觀點採取一種批判的態度。由《筆記》可以看到，乾嘉時人的足跡遍中國，西至烏魯木齊，東南到福建，北京是皇城，更不在話下。紀曉嵐到處去採集各種各樣的傳說，認為不可輕率地加以排斥。由今日的觀點看來，他用的方法當然不夠嚴格，太多耳拾之辭，沒有經過嚴格的檢證。當時科學不夠昌明，人口沒有今天這樣多，深宅大院，空屋不少，大概會看到一些怪異的現象，作成鬼狐的目擊報告，口口相傳，也就不是不能想像的事，再加上心裡有相信的傾向，就變成言之鑿鑿的事實了。

貫串《筆記》的是一套嚴刻的因果觀，表現在毫釐不爽的因果報應上面。表面上看來，好像未必一定善有善報，惡有惡報。但《筆記》預設了輪迴的觀念，有些果報可以追溯到前世，不是我們的世智所可以測度的。這樣才可以解釋兩個八字完全相同的人怎麼會遭逢到不同命運的事實。但中國人普遍相信，人的行為善惡可以改變自己一生的命運。「百善孝為先，萬惡淫為首」一類的觀念已經深入人心。仙佛的體證不是常人可及，所以著墨不深。但一個好人做的善事多，頭上的陽氣充足，簡直百邪莫侵。自己立身不正，邪念橫出，自然邪魔上身。而陽氣衰竭，快要死亡的人，也就容易見鬼。其實鬼狐並不敢招惹正人，但各安其分，互不相擾，也就太平無事。要是自己德性不足，偏去威凌異類，那就不免自取其辱了。

《筆記》當然有勸善的目的，但決不只是著眼功利而已，的確由衷地崇信這一套世界觀。有趣的是，《筆記》毫不懷疑，無論天上地下，都接受我們人間服膺的同樣的道德標準。是在這種意義之下，即使跳出儒家狹義的人文主義的觀點，大多數中國人信奉的仍是一種廣義的人文主義價值觀，或者由此可以看到傳統中國文化的特色罷！

一九九三、十二、九

看《包青天》有感

臺製《包青天》片集在香港大受歡迎，令不少行家大跌眼鏡。分析原因，有謂香港的「冇厘頭」文化漸漸沒有吸引力，大家普遍嚮往包青天，有一定的道德倫理標準與價值觀。有趣的是，我八月到臺灣，買了一臺舊電視機，只有華視的畫面收得最清楚，於是每周一到周五，只要沒事，每晚八點鐘必準時收看《包青天》。我看的第一個片集是〈真假包公〉，立刻發現，片集裡的包公並不是我看《七俠五義》所熟悉的包公。但我也明白，為什麼這樣的片集會大受歡迎：裡面有武俠神怪，有感情糾結，有責任衝突，有權力鬥爭，有偵探橋段，當然也有包大人守正不阿、大義凜然的形象。於是，這個片集得到了觀眾的喜愛。

但這個片集是否沒有瑕疵呢？其實，毛病多得很。在臺灣節目開始時播放的主題曲就是一大敗筆。重要的展昭一個字也沒有提到，反倒不十分相干的王朝、馬漢卻說是「在身邊」。有關五鼠的讚頌全是浮辭；更荒唐的是，我看了兩個多月，五鼠一次也沒出現過，以致引起了觀眾的質詢。意識也很陳舊，都是些忠君報國的思想；有些情節十分牽強，而廣涉神怪；有些地方簡直是幼稚；有時則拖沓得利害；實在很難說是什麼了不起的成就。但包大人的形象則始終沒墜下來，偶而有些說話很像一個樣子，讓我們可以想見，盛世時的好官當該是怎樣的！

然而片集還促使我作更深一層的思慮。包公的「法」與我們現代人所理解的法其實有本質性的差別。以前我看京劇《夜審潘洪》，包公裝神弄鬼，騙取了國丈的供詞。那時正巧一位在美國住了幾十年的老教授訪問新亞，我向他提出一個問題：由現代的法律觀點看，以這種欺騙的方式逼供所得到的證詞，有沒有法律上的效力呢？潘洪這樣的人是否也該有人權的保障呢？出乎我意外的是，他迅即斬釘截鐵地回答：這種十惡不赦的壞蛋還有什麼資格講人權。由此可見，傳統中國的法律觀念與西方的差別多麼大！包公的鍘刀令中國人感到大快人心，卻令西方的自由主義者感到戰慄。正因為中國歷代（包括現在）有太多的「南霸天」，這才對「包青天」有那麼迫切的心理上的需要。而我們真正應該嚮往的是一個沒有南霸天，也沒有包青天的時代。

一九九三、十一、二十五

臺灣選舉（苗栗與宜蘭）

臺灣終於慢慢走上民主的道路。這次縣市長選舉，在選前被視為下屆總統選舉的前哨戰。民進黨意氣風發，只要能夠拿到十席以上，就可以取國民黨而代之；而李登輝先生竟不惜以總統之尊，親自到基層去助選。選舉結果榮辱互見，有趣的是，兩位黨主席：李登輝（臺北縣人）、許信良（桃園縣人），都沒法為他們的黨在自己的故鄉贏得足夠的選票，以至被譏嘲為：「同是天涯淪落人」。總結算民進黨只得六席，許信良黯然鞠躬下臺，國民黨第一次總選票掉到百分之五十以下，也感覺到威脅。新黨還不是一個因素。

這一次的選戰似乎無法歸納出什麼普遍的法則。臺北縣民進黨的尤清政績不彰，本來在告急，國民黨卻因上居立委選舉三重市的票流失，這次推出三重金牛蔡勝邦，結果輸得更慘，新黨的李勝峰是另外的票源，他不參選，蔡一樣會敗得很慘，一個計程車司機直呼他為蔡「敗」邦。

桃園國民黨的劉邦友被攻炒買地皮，卻安然上壘；屏東縣國民黨提名的伍澤元人望甚佳，短期參選竟然擊敗強敵；似乎沒有什麼規律可講。

這次選舉最特別的是苗栗與宜蘭兩地。苗栗由國民黨違紀競選的何智輝當選。據說在苗栗擁有大幅土地的金牛翁大銘運了五億臺幣去全力為何智輝助選。由於文宣猛攻賄選，據說翁大銘發明了用賣彩票的辦法來酬勞選民，這是世界選舉史上從未見過的案例，可見中國人的腦筋多麼富於「創造性」！苗栗是金牛成功的範例，選舉過後，翁家的股價大幅攀升，賺了五億還有餘。

但也有金牛無所用其技的地區，那就是宜蘭。最近才加入民進黨的陳定南做過兩任縣長，一心一意為民服務，搞地方建設，魄力極大，卻杜絕貪污，公信力極高。他竟能把環保意識灌輸給民眾，王永慶的六輕本來想在宜蘭設廠，結果被反對掉，只得轉到雲林去設廠。陳定南之後，由與他合作的議員游錫堃繼任了一屆縣長，政聲也還不錯，這次競選連任。國民黨在宜蘭不敢提名，但仍全力為張軍堂輔選。此人無聊已極，竟然偽造南加大博士學歷，被《中國時報》揭發出來。記者諷刺他論文題目是「犀牛皮移植到臉上」。那知他竟把時報影印發給民眾作助選資料，證明他有學位，真是匪夷所思，令人嘆為觀止！最後游錫堃當選。我們去宜蘭參觀，空氣新鮮，環境整潔，與臺北迥然不同。冬山河本來氾濫，如今卻成為國家級的公園。由此可見一個有心為老百姓做事的好官能夠造成多大的差別。

一九九三、十二、十六

動物能思想嗎？

《時代》雜誌（三月二十九日）的封面故事討論「動物能思想嗎？」的問題。這是個學者聚訟不已始終得不到定論的大問題，最近似乎有了一些突破，故《時代》雜誌做了一個專輯向讀者報導這方面的進展。

著名的文化哲學家卡西勒曾經界定「人為符號的動物」。許多學者相信，人禽之別在於人能使用符號，而動物不能。長期以來，科學家都不能建立動物能夠使用符號的確鑿證據。有名的例如聰明的漢斯，這是一匹會計數的馬，後來把牠的眼睛矇住，看不到主人的記號，就不會計數了。歷年來對黑猩猩所做的實驗，都無法確證，究竟牠們是真會使用符號呢？還是僅僅模仿人類的行為，只是依樣畫葫蘆而已，並不會像人類那樣思想，或者有情感的反應？這種情況頗令科學家為之氣短。

最近一隻小的黑猩猩名叫康濟卻達到了這樣的突破。牠不只聽得懂英文，還會用按鈕把記號組合起來造句，以表達牠的欲望。譬如牠喜歡看《火種》這部電影，牠就會按「火—電視」兩個符號來傳遞牠的意願。科學家把牠和一個兩歲大的女孩艾麗亞隔離同時加以訓練，對六百六十句英語的指令作出回應，包括「拿出微波爐裡的胡蘿蔔」那樣複雜的句子。起初二者的學習進度相若，一直到後來女孩才顯示出更超卓的語言能力。但無疑可以證明康濟會使用抽象的符號，牠的智力與兩歲半的孩子相當。另外，對於海豚和鸚鵡的實驗也使得現在的科學家比較傾向於相信動物的確會使用符號，雖然有的科學家仍採取保留懷疑的態度，但現時的氣氛比以前已經有了十分不同的轉變。現在人慢慢注意到動物也會耍花招，有挫折感，牠們的聰明遠超過我們的預期。

如果假以時日，科學家真能找到動物能夠使用符號的確證，它在哲學上的涵義是如何呢？這會打破人禽之間有一道不可跨越的鴻溝的見解。譬如笛卡兒認為，所有其他動物都只是機器，只有人類才有思想，才有靈魂。中國的傳統從來沒有把人放在自然秩序以外，孟子說人禽之別幾希，周敦頤也只說人得其秀而最靈。現在的發展可以證明人是整個大自然的一部分，但卻毋須擔心不能維持人禽之別，因為迄今為止只有高等動物極少數的例外可以達到低於四歲孩童的智力。符號使用仍是人類的特色。

一九九三、六、二十四

愛的化學

前些時候《時代》雜誌做了一個封面故事「愛的化學」，聲稱科學家發現羅曼史其實是一項生物行為。文中指出，傳統的觀念認為愛是主觀情緒的產物，根本無法對之作客觀的研究，有人甚至認為這是西方文化營造出來的東西，這些看法都被科學實證研究的結果推翻了。根據人類學家的調查，表達情愛的方式雖然不同，它在人類乃是一個普遍的現象。

近時科學的研究更獲得了空前的突破。一見鍾情並不只是主觀情緒的反應，陷入情網的男女會產生一種化學成分叫做「飛納靈泰拉敏」，或簡稱PEA，但這樣成分的產生是不能持久的。長久廝守在一起的男女又會產生另一種化學成分「安多芬」，給人一種安全和平的感覺。而撫愛擁抱也會產生一種化學成分「奧克錫多辛」。照人類學家海倫·菲雪的說法，在早期進化的階段，一個女人不可能單獨帶大一個孩子，所以必須要個男人加以護持，雙方自然的關係大約維持四年，以後各行各路。這和現代結婚以後四年離婚率最高的統計數字若合符節。

而且男女在背後偷情也是一個自然的現象。難道這樣的科學研究可以把愛的神祕完全解消，就像現代人登陸月球發現它是一塊不毛之地一樣地解消了有關月亮的神話麼？無疑，科學的實證研究能夠找到情愛的化學成分是一種進步，應該加以肯定的。但由此推出化學成分決定論的看法，卻在方法論上犯了化約主義的錯誤。科學研究只能證明情愛的情緒反應必伴隨著化學成分的產生，卻並不能夠作出孰為因孰為果的推斷。其實科學的化約主義思想並不是什麼新東西。十八世紀拉・美特利就寫過《人是機器論》。屠格涅夫的《父與子》中的巴扎洛夫說，接吻是什麼？只不過是一堆原子與另一堆原子的碰撞，然而他自己仍然像傻子一樣地愛上了阿金左瓦。同時婚姻是一種制度，從來並不等同於情愛，現代人把二者等同或者可能是一個錯誤。而愛的涵義其實遠廣於情愛，除了激情、兩性的愛以外，還有兄弟之愛、朋友之愛、同志之愛，乃至人類之愛、廣被天地萬物之愛，我不懷疑將來也可以找到相應的化學成分，但問題的關鍵在，究竟是化學成分作主，還是人作主呢？

一九九三、六、十七

同性戀的基因？

由《聖經》所傳佈的信息看來，(男性間的)同性戀是罪惡。許多行為主義者也把同性戀當作養育不良造成的後遺症；事實上一直到一九七四年，美國心理分析學會還把同性戀列為精神失序的病例看待。但對一些同性戀者來說，同性戀並不是疾病，也不是自己選擇的結果，甚至也不限於性行為而已，他們是生來如此，感覺、性格都受其決定。

現在人比較傾向於同意，同性戀是個複雜的現象，應該對之尋求理解。在美國，國家癌病院的生化部門在《科學》雜誌上發表研究報告，指出七十六個同性戀者的家庭有較高比例的同性戀親戚，奇怪的是，這些親戚多在母親那一邊。由於男性由父親處得到Y，由母親處得到X，女性則由雙親各得到一個X，對同性戀可能由母親方面遺傳得來的研究就集中在對X染色體的資料的分析之上。一項獨立的有關DNA的研究，調查了四十對同性戀的兄弟，發現有三十三對在X染色體的某區內竟然分享了五組不同的遺傳資料，這表示他們的同性戀的傾向或者不是完全偶然的。由於傳遞同性戀基因的女人不必是同性戀者，故同性戀者雖不育，其人數並不會遞減。然而他們在人口中佔的比例可能不如金賽所估計的有百分之四到十那麼高，可能只有百分之二左右。這些研究結果都還有待科學上進一步的檢驗才能得到證實。

這樣的研究比從前固然是有所突破，但要加以應用，則仍是一把雙鋒的利刃。同性戀者認為，這證明了他們的確生來如此，他們有他們的生存權利；但反對同性戀的人卻說，這是找到了毛病在遺傳上的根源，正可加以對治，不必等這些畸型的病例生下來，就可有效地加以處理。其實這些研究的範圍極窄，並不能對社會上廣大的同性戀現象作出解釋，或者排除同性戀行為後天模仿的因素。這樣的研究即使做成功，也不能平息有關同性戀的爭議。

從一個理性平情的觀點來看，成年人為了他們生理、情感的需要去追求他們同性或異性的愛情，這是他們自己的事情。但任何性邪僻的行為，損害到他人特別是未成年的人，則無論是同性或異性愛，都是必須譴責的東西。

一九九四、一、六

人胚胎的複製

美國的兩位科學家，喬治・華盛頓大學的霍爾與史蒂爾曼，在一個多月以前，成功地做出了人胚胎的複製，引起了全世界傳媒的注意。

其實從純科學的觀點著眼，他們做的並不是什麼了不起的事情，然而卻可以引發嚴重的道德倫理方面的後果，所以才會變成一個熱烈討論的話題。兩位科學家的問題是由人工受孕而起。

通常難以受孕的男女可以將他們的精子與卵子混合，形成的胚胎注射三至五個進母體之內，希望有一兩個能夠得到成功的移植。但有的男女僅能產生一個胚胎，成功受孕的機率只是百分之十到二十，於是動腦筋到複製上面，看看在牛羊做成功的複製手續是否也可以用到人類身上，多製造幾個胚胎便可以增加成功受孕的機會，兩位科學家所做的實驗是在管制條文許可的範圍以內的，他們選用超過一個精子進入的不正常的受精卵，由於它不可能生存下去，所以沒有「殺害生命」的道德問題發生。分裂的細胞要迅速地加以分開，剝除外面的一層東西，放進一種啫喱之內，複製的胚胎又繼續生長發展。這樣不斷重複下去，總共得到四十八個複製的胚胎，它們都只生長六天，就停止生長。這就是實驗的全部內涵。科學家並沒有要開胚胎工廠，做販賣嬰兒一類的不法勾當，所以他們完全不明白為什麼會引起這樣巨大的震盪。

但現代的優生技術的確與道德問題不能一刀切開的。譬如說，我們可以想像冷藏一些複製的胚胎。要是孩子在生養的過程中發現了毛病，無法生存下去，那就可以把冷藏的胚胎取出，設法去除其毛病，重新生養一個。要是覺得滿意，經濟上許可的話，隔個兩年，又可以再來一個，或者一次就可以來他個七八個。甚至也不一定要自己的小孩，乾脆可以向工廠訂製，男的像電影明星，女的像模特兒，試問這樣的世界會變成怎麼樣？

其實這一切有可能都是過慮。因為牛羊的胚胎複製成功已經超過十年，現在也沒有廣為應用。分裂胚胎就可以有兩三條牛，複製貴，而效果並不划算。甚至得獎的牛的主人也反對複製，因為他們的工作是不斷嘗試培育新的品種。至於人的問題就更複雜了。人堅持有個別生存的權利，在現階段，反對複製人的民意是極大多數的。

一九九四、一、十三

安樂死的爭議

美國密西根州有一位怪醫，名叫柯伏金。他的醫術並無出奇之處，但到晚年卻突然聲名大噪，博得了「死亡醫生」的稱號。原來美國的法律禁止醫生幫助病人「安樂死」，柯伏金認為這樣的法律不合理，不惜以身試法。事實上現在有一些人身罹絕症，親朋把他們當作累贅，社會完全不關心他們，每日苟延殘喘，了無生趣。柯伏金經過詳細的審查，覺得其人有必死之道，乃在他的監督之下，協助之用最無痛苦的方式結束自己的生命。如此口碑傳了出去，他的生意竟然門庭若市。但他並非為了謀利，他的生活簡樸，財產不多，純粹是為了服務的目的。但他的所作所為仍然觸犯了法律條文。幾次被告，均因罪證不足釋放，卻受到當局嚴重的警告。但他誓言要做自己認為對的事情，與不合理的法律抗爭。最近又被告繫獄，官司還在審訊之中。

西方社會常常出現一些特異的個人，與現存不合理的法律、制度抗爭，有時竟然付出了生命的代價，古希臘的蘇格拉底就是一個典型。無論柯伏金是否會變成殉道者，我相信他的抗爭遲早必定會導致法律上的改變。美國多數人拘泥於傳統的概念，認為生命是上帝所賜予，沒有人有權以人工的方式結束其生命。但這種思想遺漏了一個要點，沒有照顧到時勢的轉移所造成的改變。古代人聽天由命，那當然沒有話講。現代醫學昌明，往往把人由危殆的邊緣救了回來，而且發展到另一個極端。只要有錢有技術，就可以把心跳快要停止垂死的病人，用管子連接在機器上，這樣變成了植物人，竟可以無限期地延長其生命。這樣的做法浪費社會的資源，榨乾親友情感的泉源，決不會是上帝所願望的樣子。故此柯伏金替天行道，向不合理的人為法律挑戰，而贏得了進步人士的讚許。

當然法律要是容許「安樂死」，的確會引發嚴重的問題。有人為了爭產，甚至可以鑽法律的漏洞，串通無良的醫生，把謀殺做成安樂死的樣子。法律條文的制定與實施的監管必須縝密處理，否則不免後患無窮。我覺得在未來安樂死的趨勢是無可阻抑的。人不可以輕生，往往支撐過了難關，就會把握到更深刻的生命意義。但身罹絕症不願苟活下去，寧可死得有尊嚴的意願是應該受到尊重的。人也應有合義就死的權利。

一九九四、一、二十

墮胎的爭議

墮胎問題在美國，是個分化全國的議題。在總統競選時，共和黨大會保守派得勢，「贊生」(pro-life) 的聲音過大，偏離中道；布希依違其間，也是他競選連任失利的原因之一。柯林頓夫婦在這個問題上是自由派，毫不曖昧地「贊選」(pro-choice)，多數知識分子採取這樣的態度。所謂贊選並非無條件地贊成墮胎，而只是說，如果懷孕的婦人實在不願留下胎兒，那我們必須尊重事主的選擇。但傳統派與一些宗教狂熱的信徒卻不容許作這樣的選擇。他們認為卵受精後就是生命，墮胎即是謀殺行為，違反了上帝的旨意。這種不道德的行為必須強烈地加以譴責，更何況要花公款去幫助墮胎，故誓死加以反對。這兩派都有成千上萬的支持者，動輒上街遊行示威。目前雖然全國的注意力到了別處，這個問題暫時退居背景，但隨時有重新爆發的可能性。

由客觀的情勢來分析，贊生的一派只是堅持傳統的意理，未能面對眼前的現實。讓墮胎合法化的目的絕對不是為了鼓勵性放縱。二十世紀的美國早已轉變成為了享樂性的文化。十幾歲的少男少女就經常開派對，耳聞目染，意志不堅定，情感一衝動，再加上無知，糊里糊塗地懷了孕。這樣的人絕對沒有資格做父母。懷孕是一個錯誤，墮胎是改正這個錯誤。沒有生養的意願而必須把孩子生下來是一個更大的錯誤。兩個錯誤加起來不會變成正確，到時只能夠毀了兩代人。到了下一代糊里糊塗地長成青少年，得不到父母良好的教養，很容易又再犯上一代的錯誤。世間不斷增添許多不幸的男女，難道這也是上帝的旨意？

傳統派反對避孕，反對墮胎，反對人工受孕，試管嬰兒，借胎生產等等等等。但現代生物醫學科技一日千里，決不是堅持傳統意理所可以阻抑的。我們必須給下一代適當的性教育，包括避孕的知識。有必要墮胎時，一定要有合法的途徑，不能自己亂來，或者去找密醫。經過艱難的成長過程之後，希望人人能變成負責任的公民。保守派當然有權發表他們的意見。但發動群眾去阻止一些診所為人作合法墮胎，這已經很離譜。有人甚至槍殺為人墮胎的醫生，那豈不成為了「魔鬼」的工具，怎麼可以借「上帝」之名做這樣兇暴背理的行為呢？

一九九四、一、二十七

婚姻與性的問題

在大自然，動物的性行為是基於本能，為了種族綿延的需要。我們看到，為了熊貓配種，竟然是那麼樣的艱難，想像起來，大概不會為了樂趣做這樣的事情。人類的性行為，當然也有為了種族綿延的面相。自然似乎自有規律，在人類文明發展的過程中，普世都有機制禁止亂倫，同時男女有別，婚姻發展成為了制度。而人的情況比禽獸複雜得多，人有感情、道德責任、性愛的樂趣種種問題。但傳統文化、無分中西，都壓抑性愛。春宮雖然普遍，只能在暗地裡流傳，而生育則造成了自然的節制，縱慾被視為禍亂的根源。

到了現代，大家接受了自由戀愛的規範。於是在結婚的典禮上，雖然還是誓言白頭偕老、終生不渝的一套，事實上離婚變成了家常便飯，情況與過去迥然有異。特別在二十世紀的美國，發展了享樂文化。到了避孕藥發明，性事與生育分開，家庭與婚姻的制度受到了莫大的威脅。奇怪的是，經過了縱容的六〇年代，婚姻制度仍然屹立如山。雖然人可以與不同的伴發生性關係，但多數人還是在情感上有依戀，要和固定的伴侶廝守在一起，建立家庭，生兒育女。當然感情有時會減弱，那就會離婚。而離婚之後，還有人可以一而再、再而三地鑽入婚姻的網絡。由此可見，性是一個觸媒，愛和婚姻的意義並不止於性。有了兒女，更有家庭責任。光把眼光放在性上面，不是一種成熟的表現。

然而正因為性、愛、生育、婚姻、家庭都可以分開考慮，現代人乃必須面臨空前複雜的狀況，不是往昔所可以夢見的。我們不可以單純地堅執傳統的義理，拒絕與時推移，否則就會造成更多的人間悲劇與社會問題。我們相信，對大多數人而言，最正常的家庭仍然是陰陽調和，相親相愛互相扶持白頭到老的既深刻而又穩定的關係。孩子們生長在這樣的家庭之中，無須蒙受離婚的陰影以及感情上的煎熬，長大以後也容易成為正常人。但不是人人可以有這樣的機緣與福氣，只要在不妨害他人的情況之下，便可以容許他們有選擇的自由。有人可以不結婚，只有短暫的性關係。有人要結婚，但不要子女，那麼為什麼只容許異性的婚姻，不容許同性的婚姻呢？又有人結婚生不出孩子，那就不妨領養，最重要是孩子在家庭之中得到關愛，那可比留給生而不養的父母好得多了。

一九九四、二、三

女性主義與單親家庭的問題

我覺得有些現象，像女性主義、單親家庭，是現代社會才會碰到的問題。根據人類學者的研究，有些文明經歷過母系社會的階段，現在還有少數文明保留了母系社會的痕跡。但無論東西，有文字記載的歷史，幾乎沒有例外，都是男性宰制的歷史。其實道理很簡單，男女的生理構造不一樣。在依賴體力的文明中，無論漁獵、畜牧或農耕，必定是男性佔優勢的，女性則擔負了養育的重任。男子製造的精蟲億萬，女子一個月只排卵一枚，而懷胎十月、哺乳育嬰，都是女性的責任。世間大多數的文明都形成了婚姻、家庭的制度，男主外、女主內，這也是自然的趨勢。如果沒有工業革命，文明沒有進一步的演變，這樣的情況是不會有什麼大改變的。我們要去改寫歷史是沒有多大意義的。

但由西方文明帶頭，演變出了現代文明，情況就不一樣了。人權的觀念是有普遍性的，投票權不能不普及化到女性。到了女性也受高等教育，經濟得到自主，在現代社會中需要的技能不是體力，有的能力比男性還高，那就沒有什麼理由歧視女性了。尤其到了發明了避孕的技術，有了節制生育的觀念以後，男女唯一的差別是，在生孩子的時候女子需要產假，如果男女都有工作的話，養育乃是雙方均擔的責任。在這種情形之下，女性主義自然而然應運而起，戲劇化地突出女性的形相，為女性爭取她們應有的權利。有些女性主義者不免矯枉過正、推得太過。

她們的說法連女性都不能夠接受。其實真正把握到問題的癥結就會明白，有理性的男女要重新去尋覓彼此的定位，而不是指向男女的大對決。互相的仇恨敵對並不解決問題，當然大男人的心習是不容易去除的，必須從小就受教育，把態度改變過來。未來的文明基本上還是男女互相需要，互相依賴的文明，少數人因為特殊的原因可以選擇適合於他們自己的方式。

但在現代文明之中，也有一些我們不能不接受的事實：現代人不必一定要結婚，結了婚也不必一定不離婚。既離婚而不再結婚或者不結婚而養育子女，就不免有所謂單親家庭，這同樣是不得不承認而必須面對的問題。上次美國總統競選，副總統奎爾攻擊電視上的女主角未婚生子，結果引起軒然大波，他所缺乏的正是以同情的觀點來理解這個問題。在現代社會中，我們必須適當地肯定女性以及單親的權利。

一九九四、二、十七

美國閹夫案判決後的省思

轟動一時的美國閹夫案於上周五審結。陪審團相信被告洛琳娜・巴比特因短暫性的精神錯亂，揮刀將丈夫約翰去勢，乃裁定她「惡意傷人」的罪名不成立。對於這項判決，婦女們聞訊歡呼，男士們卻感到難以安枕。看來男人的憂慮不是沒有理由的。美聯社北卡羅來納州二十一日電，一名婦女趁丈夫熟睡，將指甲油去光水灑在他的命根子上，再點火引燃，僅判處二年緩刑。法新社馬尼拉二十二日電，一名婦女趁喝酒尋樂的丈夫巴希里歐熟睡時，把他的陰莖接在電魚的器具上，打開電源，導致他死亡，死者的陰莖與胸部已經燒焦，報導並未說明自首的艾兒琳達將被控以何種罪名。如果傳媒的報導往往會產生某種示範作用的話，那麼婦女對伴侶的暴力行為有可能會直線上升。但這樣是解決兩性之間問題的最好與最有效的方法嗎？

毫無疑問，婦女作為一個弱勢團體，長期受到男性的欺壓與利用；在美國這樣的文化薰習之下，性騷擾的現象的確是相當普遍的。婦女必須找到方法保護自己，受到虐待不能一味逆來順受，而必須反抗。像洛琳娜這樣的案例的確有其象徵性的重要性，其所以受到傳媒的重視決不是偶然的。

然而不幸的是，洛琳娜案的判決卻引導大家走上一個錯誤的方面。它不期而然地把男性和女性變成了兩個敵對的團體，兩邊各有啦啦隊，打敗的一方只會感到不服氣。而雙方的互相敵視只會增加兩性間問題的困難，絕對無助於這一個問題的解決。看來洛琳娜被判無罪是受到公眾壓力的結果。在美國，比較開明的人士本來同情一些弱勢的團體：像女性、黑人、愛滋病患者等等。在校園之內流行所謂「政治正確」（political correctness）的態度，不能隨便使用性別歧視、種族歧視一類的字眼。這樣的態度本來是無可厚非的，但由此製成法律卻會造成實際上的困難。譬如說，男孩必須得到女孩書面或者口頭上明白的允諾才能和她發生關係，但她開始時表示同意，後來卻又反悔，那又怎麼樣呢？辦公室裡的男女，無論說話、動作都要特別小心，否則就會無端端惹上性騷擾的官司。洛琳娜案的陪審團與法官看來是受到「政治正確」的無形的影響。但接受了洛琳娜短暫性精神錯亂的辯解，完全不對她的暴力行為給予任何懲處，是否能夠維持「司法公正」呢？卻不免啟人疑竇。無論如何，人們願意輕易放過洛琳娜的暴行背後的心理是有問題的：因為洛琳娜是受害者，所以她的報復行為即使過分了，也是可以原諒的。這樣就會縱容一些少年犯罪者，或者女性犯罪者從事一些暴行，卻獲得輕判，最後受害的是整個社會，乃至弱勢團體本身。

社會製成一些保護弱勢團體的法律，在一段時期之內或者有其必要，但長久下去，卻會造成負面的效果。由於社會已經做了一些象徵性的措施去補償受害者，就會忽視去找尋造成社會不平的真實的原因。其實頭腦清醒的女性主義者真正的目標是要社會把她們當作正常人看待，不再有任何歧視與特殊待遇，而不是把她們當受害人看待，依賴一些特惠條例，讓他們永遠無法脫離受害人的身分，當然也永遠無法在男女之間建立真正平等而自然的關係。有識之士還得在現有的水平線之外另覓解決問題的方案。

一九九四、一一、二十五

奧運的反思

巴塞隆拿的奧運會閉幕了。無疑這是一次商業氣息濃厚的奧運會，它的象徵是美國籃球的夢幻隊。自從布倫達治的時代過去，奧運的業餘精神就已經變質了，八四年的洛杉磯奧運便明目張膽地提倡金錢掛帥。當然時間的巨輪向前轉動，過去的終必要過去，電視的巨額廣告收益改變了奧運會的性質，無謂緬懷往昔。但是夢幻隊的表現在事後看來卻像一場惡夢。在美國對安哥拉的比賽中，分明是強弱懸殊，惡漢巴克列還要用手肘去侵犯對方，充分顯露了醜陋的美國人的形象。這一批千萬富翁不和其他選手一同住進奧運村，而住在豪華酒店之內。喬登曾經拒絕穿奧運會法定的球衣登臺，因為他與ＮＩＫＥ已經簽了合約，後來蓋住商標，才算解決了這一難題。美國的球迷憤怒地指出喬登是代表美國出賽，不是代表ＮＩＫＥ出賽。甚至最得人緣的魔術手強森也不免遭到物議，因為他宣稱如果健康情況許可的話，他願意回ＮＢＡ為一支有力爭奪錦標的隊伍效力。這引起洛杉磯球迷的反感，譴責他對湖人隊缺少忠誠。夢幻隊雖然全勝，一如預料地取得金牌，然而他們頭上的光環還是褪了色，沒有人認為他們體現了奧運的崇高的體育精神。事實上這些身為巨富的籃球明星、網球明星儘有其他的場合可以發光，不必放進奧運會來湊熱鬧。

奧運應該是屬於那些苦練四年的游泳選手、體操選手、田徑選手的，他們每個人都有一段感人的故事，而養兵千日，用在一朝，一定要臨場發揮得出來，才能夠取得這一刻耀眼的光輝。很明顯，我的意思並不是要回復往昔的業餘理想，事實上社會主義國家的運動員就很難說是業餘的。我認為奧運應屬於那些平時不受注目賺不到大錢卻能夠增進人類體能的那些項目。這次奧運海峽三邊都有良好的表現。大陸十六面金牌雄踞亞洲第一的成就固不待說，臺灣的兩敗日本取得棒球銀牌的成果也屬難能可貴，香港雖然取不到獎牌，也多項刷新了自己的紀錄，取得了觀摩的效果。而體育無疑是促進三邊良性互動交流的一個重要項目。但我們同時更要謹記，光做體育強國是不足夠的。希特勒的德國，史達林的蘇聯都是體育強國。故我們必須在其他方面也有優良的表現，才能真正顯出泱泱大國的風範。

一九九二、八、十五

論邪教的成因

二月二十八日美國煙酒火器管制部門集結了一百位特工，帶了搜索令，圍住一個在德州衛柯鎮的末世宗教團體。正當他們要展開搜查行動的時候，雙方駁火，死了四個特工，十個信徒，引起軒然大波。嗣後固守在內的信眾約有八十多個大人，二十多個孩童，還是拒絕投降。公家耗費了許多人力物力，仍是一籌莫展，頭痛萬分。信眾與特警對峙五十一天，最後政府決定採取行動，投擲催淚彈，那知建築著火焚燒，釀成慘劇，逃生者僅得九人。

這樣的末世宗教團體竟敢明目張膽與官府抗衡，究竟是怎麼回事呢？他們的領袖叫做大衛．柯拉許，宣稱自己就是基督，將在與不信者的戰爭中殉道，追隨者奉獻了自己的生命，將來都會升天。柯拉許原名維農．霍威爾，生於五九年，中學都沒畢業。加入了一個小宗教團體，其信眾自認為是大衛王的後繼者。透過奪權，他變成了領袖，九〇年更改今名，相當於希伯萊文的賽魯斯，一位波斯國王的稱號，曾讓巴比倫被囚的猶太人回返到以色列。柯拉許結合了啟示錄的神學與俗世的生存主義，大量蓄積糧食與彈藥，以備原子大戰或社會崩潰以後的需要。信眾男女分居，收入都歸組織，鍛鍊身體，定量食齋，勤力工作，連電視都沒得看，只能聽他講道。但他自己卻可以喝啤酒，食肉，吹冷氣，看大銀幕的電視，而且所有的女人都歸他所有。他特別喜歡未成年的少女，只有他有權播種，生了不少子女。信眾說不可以裁判他，因為上帝相信必須派遣一個有罪的耶穌下凡，到了最後審判的日子，他才有罪惡的經驗為罪人贖罪。

我們不禁要問，在科學昌明的今天，為什麼還有這麼多人信這樣荒謬的東西？據說全美國類似這樣的邪教竟有數百個之多，理由究竟是什麼呢？於此我們不能不佩服史賓格勒的卓識，他在一次大戰之後出版了《西方之墮落》的巨著，提出了「第二宗教性」的觀念。依他的說法，真正的宗教是文明在春天的產物，如今已入嚴冬，宗教的精神早已蕩然無存，只剩下一個空殼，於是千奇百怪的東西都會出來。我雖不同意史賓格勒的定命論，卻不能不佩服他的洞察力。現代科技並不能解決信仰的問題。現代人的內心感到空虛，卻無處找到依託，於是自己投入邪教的懷抱聽其驅策。人不能沒有信仰而活，如果不能為之找到健康的出路，試想世界的前途會怎麼樣呢？

一九九三、五、六

輯五

周易的功能統一觀

有關《易傳》是否儒家文獻的爭辯

近時有些學者懷疑，《易傳》究竟是不是儒家的作品？無疑，孔孟都不談宇宙論問題，《易傳》是受到道家、陰陽家的影響寫出來的東西。研究古代哲學思想，我深深受到業師陳康先生的影響，必須採取發展的觀點，才能夠掌握到接近事實的真相。其實頭腦開放的古人早已明白發展的重要性。朱熹與陸象山辯論〈太極圖說〉時便說：

> 伏羲自一畫以下，文王演易自乾元以下，皆未嘗言太極也，而孔子言之。孔子贊易自太極以下，未嘗言無極也，而周子（濂溪）言之。夫先聖後聖豈不同條而共貫哉。

朱子的考據自未精，他是接受了《史記》以來傳統的說法，預設伏羲畫卦，文王重卦，孔子是《易傳》，即所謂「十翼」的作者。但即使《易傳》是孔門後學所作，理論效果也是一樣。真正的問題是，《易傳》的內容是否與儒學的精神一致？在這裡有關〈太極圖說〉的論辯可以給與我們重大的啟示。「太極圖」無疑是由道家而來，本來是用作修練的「練氣化神」圖，但周子卻把它倒轉過來，變成了一套創造的宇宙觀，由無極而太極，陰陽而五行，以至萬物與人類。這樣，無可爭辯地，〈太極圖說〉是一篇儒家的文獻。平時思想開放的陸象山，這一次卻犯了泥古的毛病，硬說「無極」一詞出於《老子》，不是儒家的用語，故〈太極圖說〉不是偽作，即是周子的少作，而成為辯論失敗的一方。

回過頭來看《易傳》中的〈繫辭〉，它說：

> 一陰一陽之謂道，繼之者善也，成之者性也。

即使陰陽一類的詞語，或者氣化的觀念是來自陰陽家，乃至道家，也不妨礙它之為儒家的文獻。因為它所要表達的是一套創造的宇宙觀，與儒家的精神相合，而與道家歸根復命的思想大異其趣。業師方東美先生特別標出「生生」(creative creativity)與「普遍和諧」(comprehensive harmony)為《易傳》哲學的特色，它們正是儒家思想進一步發展的成果。以此，即使《易傳》之中雜有一些陰陽家、道家的思想，也不能不斷定其主體是儒家的思想。

一九九四、三、三

附記：最近有些學者如王葆玹、陳鼓應認為今本《繫辭》抄帛書《易》而受到道家影響的論斷是有問題的。直接參與帛書〈要〉篇拼接、釋文工作的廖名春，撰文（見《中華文化》第十期）指出，由帛書之脫文只能得出〈要〉是抄本而非祖本的結論，篇名之為〈要〉正說明了此篇之為摘要的性格。他提出的論據堅強，不是輕易可以推翻的論旨。

漫談《周易》

上周偶然寫了一篇〈有關《易傳》是否儒家文獻的爭辯〉，後來才忽然驚覺，《周易》是個既複雜而公眾對之有興趣的一個題目，必須寫一系列的文章，才能對裡面所牽涉的問題與理論效果，說得比較清楚一點。

業師方東美先生嘗說《周易》是一部奇書。他的意思是說，這書包含了他所謂原始儒家生生而和諧的哲學智慧。然而此書之奇，還可以有其他更豐富的涵義。我們知道，秦始皇焚書坑儒，獨有《易》因被視為占卜之書，沒有加以焚毀。故《易》的傳授未斷，也沒有今古文之分。太史公評記易學傳授的源流，他的父親曾從楊何學《易》。孔子晚而好《易》，讀《易》韋編三絕的故事乃由《史記》傳留下來，應該有所根據。或謂《論語》極少談《易》，這一類的故事是可以懷疑的。但《論語》是游、夏、曾子等學生筆記編纂起來的東西，太史公說傳《易》的是孔子晚年收的弟子商瞿，二事並不互相矛盾。而《論語》有「加我數年以學『易』」

之語，還引述一條「恆卦」，《易傳》之中「子曰」所說，許多思想與孔子相合。這樣至少可以證明，《易傳》之形成的確與孔子與其後學有密切的關係。雖然孔子作十翼那種傳統的說法並不足信，但古人喜歡把一切歸之於所崇拜的至聖先師的做法是完全可以理解的。

到了漢朝，《易》的地位不斷提升，竟然被尊為群經之首；一直到現代，熊十力先生還由哲學的觀點以《易》為群經之源。歷代有關「易」的著述真可以說是汗牛充棟，古今易說不下三千種之多。文革摧殘學術不遺餘力，當今人文日漸式微，但到處都流行《周易》熱。坊間充斥著有關《周易》的書籍固不在話下，不只一般老百姓仍熱中於易卜，不同專長的學者由各個不同的角度推動《周易》的研究。近年出土的新資料如數字卦、帛書《易傳》把《周易》研究帶進了一個新階段。不只歷史、哲學，數學、信息學都對《周易》提出新的看法。美芝靈集團新成立了國際易學研究院，由北大朱伯崑教授主持，對《周易》展開全面性的研究。

一九九四、三、十

論《周易》研究的方法

五〇年代初，我還在讀大學的時候就對《易》有興趣，自己找了李鼎祚的《集解》來讀。《易》對我來說充滿了神祕感，可是自己卻沒有能力參透這一個謎。但當時我主要的興趣是在西方哲學，並不急於要做這方面的工作。後來我專攻宋明儒學，幾乎與《易》脫離不了關係，浸淫日久，這才逐漸對《易》形成了一些看法。

我覺得在方法上，許多研《易》的人犯了一個根本的錯誤：他們預設《易》只有一個主題，於是窮年累月去找這個主題。但是《易》的內容豐富複雜，好不容易找到主題之後，提出一套系統解釋，終不免削足就履，破綻百出。譬如說，程伊川寫了一部《程氏易傳》，連最崇拜他的朱熹都說，他是借題發揮，寫他自己的思想。朱熹本人有一本《周易本義》，那麼《易》的本義究竟是什麼呢？朱熹明白，《易》原來並無深義，只是一部占卜之書。但若剝去了《易傳》在後來發展出來的哲學思想，那麼《易》還有什麼價值的？那豈不是化神奇為腐朽嗎？其實《周易》包含了好些不同的層面在內，硬要把它們化約成為一個層面，那就不免顧此失彼，正好似瞎子摸象，無法得其全貌。勉強以偏概全，則必陷入矛盾難以自拔的境地。

湊巧我研究文化哲學，深深受到卡西勒思想的啟發。卡西勒體認到，文化的現象豐富複雜，絕無可能為之尋覓到一個共同的公分母。故此他主張，必須放棄「實質統一」的觀念，而提倡「功能統一」的進路。他指出，文化形式如神話、宗教、語言、藝術、歷史、科學，決無法化約成為同一題材。故化約主義的做法是徒勞無功的。然而不同的文化形式還是得應用到符號，神話、宗教、語言、藝術、歷史、科學的符示內容，題材不同，但無論那種符號，功能都可以超越當下，幫助我們進入理想、可能的領域，顯示了功能的統一性。這樣，卡西勒把不同的文化形式叫做不同的符號形式。我們用這樣的進路去研究《易》，找到它裡面有各種不同的符示，就會出現前所未見的曙光。

一九九四、三、十六

論《周易》思想的四個層面

一九七四年，我用英文寫了一篇論文，討論中國人的思維方法。我認為西方注重嚴密的邏輯推論，喜歡寫系統鋪陳的論著，中國則注重隨機的會話交流，最愛記自然流露的智慧。在這篇文章之中，我已經對《易》形成了自己初步的看法。從一個發展的觀點出發，我曾經指出：

> 實際上，在《易》之中，我們至少可以找到四個層面的意義，一個層次持續著另一個層次，卻又彼此互相滲透；這解釋了為什麼有那麼大的困難，對於這部經典的意涵不易得到一廣大周延的了解。這四個層面是：（一）一套神話符示(mythological symbolism)；（二）一套自然符示(natural symbolism)；（三）一套宇宙符示(cosmological symbolism)；以及（四）一套倫理符示(ethical symbolism)。

《易》是在不斷形成之中，譬如「周易」這個詞就可以作不同的理解。很明顯，它可以指周代的易，與夏代的易所謂「連山」，商代的易所謂「歸藏」，不一樣。可惜《連山》、《歸藏》現在都已失傳，無從查考。而「周易」後來又有「易道周普」的意思。照鄭玄的解釋，易有三義：變易、不易，與易簡。也就是說，中國傳統並沒有像希臘傳統那樣，把永恆與變化打成兩橛。中國的先哲相信，由變易中見不易，融會貫通之後由易簡即可以把握天下之理。

《周易》這部書也並不是一向就像我們在坊間看到流行的本子那個樣子的。「經」與「傳」是分開的。經文看來像古代卜筮留下的紀錄，在周初即整理成書。經文並不包含什麼深刻的哲理，《易傳》可就完全不同了。今本所謂十翼，即〈彖〉（二篇）、〈象〉（二篇）、〈繫辭〉（二篇）、〈文言〉、〈說卦〉、〈序卦〉、〈雜卦〉，內容可就豐富得太多了。看來《周易》原來只是一部占卜的書；後來有了一套符號系統，乃有了數理方面的意涵；《易傳》又發展了一套生生不已的創造的宇宙觀；最後才得進一步體現深刻的道德形而上的哲理。這正是一個化腐朽為神奇的歷程，值得我們好好注意。

一九九四、三、二十三

《周易》的神祕符示

由現在的觀點看來，《周易》最初無疑是一部占卜之書。占卜預設自然的「天」象與「人」事有某種神祕的關聯，於是《周易》的最基層乃是一套神祕符示。《易傳》〈繫辭〉有一段話說：

古者庖犧氏之王天下也，仰則觀象於天，俯則觀法於地；觀鳥獸之文與地之宜，近取諸身，遠取諸物；於是始作八卦，以通神明之德，以類萬物之情。

這不免是過分理想化的說法。由清代以至於民國初年，有強烈的疑古的傾向，但文革以後，大陸的學術復甦，新出的材料層出不窮，卻反而有復古的傾向。傳統的說法如伏羲（即庖犧）畫卦雖不可信，卻不是完全沒有根據，如能給與適當的解釋，竟可以幫助恢復古史的真相。我八六年休假，到新加坡東亞哲學研究所專門做這方面的研究，寫了論文，提出了自己的看法。我注意到大陸學者如汪寧生，認為西南少數民族保存類似古代筮法的占卜方法，可能對於八卦的起源，提供了解答問題的線索。根據人類學家的研究，西南少數民族之中普遍流行以數占卜之俗。例如苗族把一塊木頭劈為兩片，據兩片木頭落在地下的正反情況（一正一反，兩正或兩反），決定是吉是凶，或是不吉不凶。

然而與古代筮法最相似的還要算四川涼山彝族的占卜方法，此法名叫「雷夫孜」。巫師畢摩取細竹或草杆一束握於左手，右手隨便分去一部分，看左手所餘之數是奇是偶。如此共行三次，即可得三個數字。有時也可用木片刻痕，分為三個相等部分，看每一部分刻痕共有多少，也可得出三個數字。然後畢摩根據這三個數是奇是偶及其先後排列，判斷「打冤家」（一種械鬥）、出行、婚喪等事。由於數分二種而卜必三次，故有八種可能的排列和組合，即共有八種答案。例如「奇偶奇」——戰必勝，為上卦，「奇偶偶」——戰必敗，損失大，為下下卦。汪寧生認為，這種卜法與八卦的關係不可能只是完全的巧合。他指出古代筮法明顯屬於數卜法的一種，經歷過從簡單到複雜的過程，則伏羲畫卦、文王重卦的傳統說法是符合實際情況的。

一九九四、三、三十

《周易》的神話淵源

汪寧生的說法是大體不錯的，但他囿於大陸官方的意見，撇開聖人畫卦的神話不談。其實這些神話告訴了我們很多重要的消息。伏羲可以看作是個象徵，代表還在畜牧，尚未進入農耕的時代，就已有了畫卦之事。根據中國古代神話專家的研究，伏羲的傳說與西南少數民族有十分密切的關係。例如袁珂說，傳統伏羲和女媧本是兄妹，或者竟是夫婦。這種傳說可說由來已古，徵之於漢代的石刻畫像與磚畫和西南地區苗瑤侗彝等少數民族民間流行的傳說，更是相信。

在這些民間傳說之中，流行雷公和兩小兄妹的故事。兩小兄妹由於慈心，不聽父親的囑咐，把水餵給鎖在鐵籠中的雷公。雷公藉水遁逃出鐵籠，臨行前給了他們葫蘆的種子。後來洪水淹沒大地，兩小兄妹躲在種出來的葫蘆之中，倖免於難。經過這一場滔天的洪水，大地上所有的人類都死光了，只留下了這兩個小孩子，是人類中唯一存活著的子遺。他兩個原本沒有名字，因為是從葫蘆裡存活下來的，所以取名叫「伏羲」，即「匏瓠」，也就是「葫蘆」的意思；伏羲哥、伏羲妹的稱呼，其實不外「葫蘆哥哥」、「葫蘆妹妹」的意思而已！

由其他神話傳說，可以看到伏羲和雷神之間的血統關係，伏羲實在就是雷神的兒子。伏羲對人民最大的貢獻，就是把火種帶給人民，讓人民都能吃到燒熟的動物肉。史傳上又說他曾經畫過八卦，這幾種符號，包括了天地萬物的種種情況，人民就拿它來記載生活上發生的各種事情。

由這樣的神話傳統，可以清楚地看得出來，八卦起源於伏羲的象徵所代表的西南少數民族文化，後來為中原文化所接受，並加以進一步的發展。汪寧生說，筮法應和卜法一樣，是由原始社會就流傳下來的一種占卜方法。後人感到八種卦象太少，於是將八卦相重衍變為六十四卦，揲蓍之法也愈演愈繁。此外，本卦之外還有變卦，卦辭之外又加爻辭；寫成卦書，這就是《周易》之類書籍的由來。

一九九四、四、六

解開數字卦之謎

大陸控制意識形態，文革對學術文化的破壞到了駭人聽聞的地步，獨於考古文物方面的研究一支獨秀，有了前所未有的突破。秦俑的發現是個震盪。在《周易》方面，數字卦的發現和理解，也把《周易》的研究帶進了一個新的局面。

一九五六年在陝西豐鎬遺址內（張家坡）曾發現兩塊卜骨，刻著一些奇怪的符號。在考古方面有相當造詣的郭沫若對之還完全缺乏理解。一九五七年唐蘭著文，認為卜骨上所刻的是一種數字構成的，已經遺失的中國古代文字，並認為這種文字在金文中構成族徽。一九七七年在岐山鳳雛村周初宮殿（宗廟）出土甲骨，又找到了類似的卜骨。張政烺認為這些甲骨上的數字符號很可能與《易》的八卦有關。徐錫台、樓宇棟在一九八〇年著文〈西周卦畫試說——周原卜甲上卦畫初探〉，乃肯定這些卜骨上的符號是由六個奇偶數字組成的重卦卦畫。以後文物不斷出土，數字卦的說法乃成為學者接受的定論。

數字卦的發現和理解，逼著我們對《易》的起源與發展過程，不得不形成一些新的看法。譬如傳統的說法往往說「象數」，現在卻要顛倒過來說「數象」了。出土的數字卦既多數是重卦，也就是說，有了重卦之後，還沒有出現我們所熟悉的「⚊」、「⚋」一類的符示，更不必談天地、陰陽一類的觀念了，那些都是後來發展出來的成果。

由這些數字卦，我們可以看到，卜筮之間有比我們想像中更緊密的關係。後世所謂太極生兩儀，兩儀生四象，四象生八卦，乃是理想化的結果，並不反映原初的情況。如果只需數分奇偶三營以占吉凶，那麼八卦的產生就和男女的生殖器根本拉不上關係。而且數字卦就是數字卦，並不是文字。坎（☵）為水（巛）一類的聯想也只能是後來的產物。哲學的解釋，那更不消說，是更後的產物了。徐復觀先生指出，《左傳·昭公元年》還說天有六氣：陰陽風雨晦明，要到西周末年才突出陰陽二氣，以之解釋《周易》，這才轉變卜筮的迷信性質，而賦以哲學性質的構造。

一九九四、四、十三

關於龍的傳說

中國人喜歡自稱為龍的傳人，這個龍的傳統即淵源於《易經》。《周易》上經〈乾〉第一，這是六十四重卦的第一卦，卦形（䷀），由兩個乾卦組成，故曰乾上乾下。每個卦有卦辭，乾卦的卦辭是「元亨利貞」。每卦六爻，由下而上，又有爻辭，陽爻曰九：

初九，潛龍勿用。九二，見龍在田，利見大人。九三，君子終日乾乾，夕惕若厲，無咎。九四，或躍在淵，無咎。飛龍在天，利見大人。上九，亢龍有悔。用九，見群龍無首，吉。

很明顯，這是編纂出來的東西，極為整飭而有條理，以「龍」貫串各爻辭，高亨以之為取象之辭，是也。

龍由我們今日的觀點看來，似乎是一種純然虛構的神話想像的產物，但古人卻有完全不同的視野。《左傳．昭公二十九年》記載了魏獻公與蔡墨的談話。那年秋天，龍見於絳郊，蔡墨向獻公講了人豢龍的歷史、傳說，以及龍的習性，還分析了後世所以看不到龍的理由。故高亨認為「古代龍為習見之物」。無論我們是否同意這種見解都沒大關係。如龍為實有之物，則《周易》為「理想性之取象」，如龍為虛構的寓言，則為「幻想性之取象」。總之中國傳統對龍之取象與西方傳統大不相同。西方的惡龍是武士屠殺的對象，而中國的龍卻是生的泉源，雲行雨施，變化無方，神龍見首不見尾，給予人無限的遐想。

《易經》只包括卦辭和爻辭，還缺乏《易傳》的哲學的內涵。〈乾文言〉把「元亨利貞」說成天之四德，但據高亨的考證，這並不是其原義，原來應該讀作：「元亨，利貞」，即時當大享，利於占問的意思。《易經》裡面根本找不到「陰陽」一類的哲學觀念，「陽」字未見，只在〈中孚〉第十一找到「鳴鶴在陰」一語，也絕無哲學上的涵義。但由「潛龍勿用」、「見龍在田」、「飛龍在天」、「亢龍有悔」的編排，就可以看出，古代的中國人就有很深的智慧，低處不自卑，高處不自滿，在變化無常之中，君子體現到自己剛健不已的生命。熊十力先生特別欣賞「群龍無首」的境界，《周易》最後一卦是〈未濟〉，也有值得我們咀嚼的微意。

一九九四、四、二十

《周易》的數理符示

早期的人類對於數，特別是十以內的數，常常有一些神祕的聯想。數字卦最初只見一五六七八等五個數，根本沒有九在內。但後來八卦形成，更繁衍成為六十四卦的系統，於是有種種理性的解釋。不知從何時起，陽爻被稱為九，陰爻被稱為六。可能寫成於晚周的〈說卦〉曰：「參天兩地而倚數」，一三五為三個天數，共和為「九」，二四為兩個地數，共和為「六」，就提供了一個很合理的解釋。

照高亨的說法，如果明白筮法，許多看似神祕的東西，都可以得到確解。譬如〈繫辭〉上曰：

> 天數二十有五，地數三十，凡天地之數五十有五，此所以成變化而行鬼神也。〈乾〉之策二百一十有六，〈坤〉之策百四十有四，凡三百六十。

〈繫辭〉說，「天數五」，這是指一三五七九，加數剛好是「二十有五」，「地數五」，這是指二四六八十，加和則是「三十」。乾卦六爻皆九，據筮法，每爻皆九揲蓍草，每揲四策，以六與九與四相乘，正得二百一十六策；而坤卦六爻皆六，據筮法，每爻皆六揲蓍草，每揲四策，以六與六與四相乘，正得一百四十四策；兩數相加，正得三百六十策，恰好相當於一年三百六十日。

後世解釋八卦的形成，也有了種種理性化的說法，譬如〈繫辭上〉說：

「易」有太極，是生兩儀，兩儀生四象，四象生八卦。

兩儀指陰陽，四象指太陰太陽少陰少陽。這樣八卦的形成恰好合乎二元算術的基本原理。《周易》由傳教士傳到歐洲，發生了意想不到的迴響。

與牛頓同時發明微積分的理性主義哲學家萊布尼茲，也正是現代符號邏輯與電腦的先驅。萊氏衷心佩服三千年前的伏羲，已經發現了數學的祕密，可惜二千年前便已失傳，他又重新發現了以前未用過的新的計算方法，而由《周易》的六十四卦得到啟示。萊氏把陰解作「○」，陽解作「1」，六十四卦完全可以用二元算術的方式表達出來。

然而《周易》畢竟停留在「原始科學」（proto-science）的階段，未能作進一步的突破。西方近三百年在數理方面的突飛猛進，令我們後世的中國人為之汗顏。

一九九四、四、二十七

《周易》的自然符示

《周易》的系統形成，不只有一套數理符示，同時也可以解釋成為一套自然符示來把握世間的各種現象。如所周知，就八卦來說，乾為天，坤為地，震為雷，巽為風，坎為水，離為火，艮為山，兌為澤。古代思想在自然與人事之間並沒有作截然的劃分，觸類引申，譬如〈說卦〉曰：

乾為天，為圜，為君，為父，為玉，為金，為寒，為冰，為大赤，為良馬，為老馬，為瘠馬，為駁馬，為木果。坤為地，為母，為布，為釜，為吝嗇，為均，為子母牛，為大輿，為文，為眾，為柄，其于地也為黑。

這樣的說法似乎隨意，但已故英國漢學家葛瑞翰由結構主義的觀點看，認為這一類的聯繫也不無其道理。重卦的卦象，〈象〉有系統的說明，參天象以明人事。譬如〈乾象〉曰：

「天行健，君子以自強不息。」；〈坤象〉曰：「地勢坤，君子以厚德載物。」再舉一個例就更明白了，〈蒙卦〉是艮上坎下，〈蒙象〉乃謂：「山下出泉，蒙，君子以果行育德。」〈繫辭〉的作者竟然通過《易》來看古代文明的發展，伏羲不只發明八卦，更

> 作結繩而為罔罟，以佃以漁，蓋取諸離。包犧氏沒，神農氏作，斲木為耜，揉木為耒，耒耨之利，以教天下，蓋取諸益。日中為市，致天下之民，聚天下之貨，交易而退，各得其所，蓋取諸噬嗑。神農氏沒，……黃帝、堯舜垂衣裳而天下治，蓋取諸乾坤。刳木為舟，剡木為楫，舟楫之利，以濟不通致遠，以利天下，蓋取諸渙。……上古結繩而治，後世聖人易之以書契，百官以治，萬民以察，蓋取諸夬。是故「易」者，象也。象也者，像也。象者，材也。爻也者，效天下之動者也。是故吉兇生而悔吝著也。

這樣的說法未免太神奇了。胡適著《古代中國哲學史》，雖承認這種說法未必合乎史實，但指出其根本學說是人類種種的器物制度都起於種種的意象。著《中國科技文明史》的李約瑟則持相反的見解。他認為《周易》只提供一個檔案系統，並無助於古代中國科學的發展，

在另一方面卻又盛讚陰陽家的貢獻。史華慈對他的意見加以駁斥，認為二者之間並無根本的分別。我同意史華慈的看法，《易》與陰陽家在當時同有其貢獻，也有其障蔽。

一九九四、五、四

《周易》的宇宙符示

《周易》的六十四卦不只象徵自然與人事現象，事實上已形成了一整套的宇宙觀。業師方東美先生曾借用文學上「賦」、「比」、「興」的觀念來論《易》，很有一些啟發的作用。由《易經》到《易傳》，可說經過了一個「化腐朽為神奇」的歷程。《易》原來只不過是一部卜筮之書，並沒有什麼深刻的哲理在裡面。但《易》的卦象系統形成，就可以作出多方面的比喻與引申。最後竟可以根本不受原有卦爻辭的拘束，充分自由發揮在道德與哲學方面的義理。《易傳》雖然內容不統一，保留了這種演變的痕跡，但的確脫胎換骨，講出了一套「生生而和諧」的世界觀與人生觀，使《周易》成為中國文化的重要寶典之一。秦火不及於《易》，表示在當時它還沒有受到足夠的重視。那知到了漢代，《易經》竟被尊為群經之首，這真是一個奇蹟似的富有戲劇性的變化！

《易》的哲學中最重要的觀念即今日我們所熟知的「陰」、「陽」。這兩個觀念在西周還不見蹤影，要到戰國時代，經過陰陽家，特別是鄒衍的倡導，才轉變成為了重要的哲學觀點。徐復觀先生指出，《易》本來建立有相連的「一」與不相連的「--」，代表兩種性質不同的符號。宇宙創生的現象是變化：同質的東西不會發生變化，從六氣中突出的陰陽二氣，恰恰可以套在《周易》裡兩個基本符號中去。以陰陽為性質相反相成之二氣體，即以之作為構成萬物之二元素，這對於宇宙創生過程，及萬物在此過程中成為統一的有機體的說明，方便得太多了。用陰陽的觀念來解釋《周易》，這才完全轉變《周易》的卜筮的迷信性質，而賦予哲學性質的構造。這是經過了現在不能完全知道的許多人長期努力的結果。剛好可以由各物的屬性昇進而為陰陽的屬性，因而組織成為一個體系。原始的實物也重新由陰陽加以分類，這完全是《周易》的徹底改造。至於五行之說原來與陰陽之說根本沒有關聯，看來也是通過鄒衍，把陰陽五行牽合在一起。這套東西自漢代以來，對中國人的思維方式發生了莫大的影響。

一九九四、五、十一

《周易》的道德/形上符示

《易傳》把陰陽提升成為哲學觀念之後，沿著兩個方向發展。一方面往上追索，找到了生生不已的天道，發展了一套道德/形上符示；另一方面則往下應用，發展了一套陰陽五行的自然觀，五德終始的歷史觀，在現實政治上發生了巨大的影響力。我們且先由前者說起。

如果太史公的記載不謬的話，孔子晚而喜《易》，韋編三絕，集中探討《論語》裡面比較少談的天道問題。但即由《論語》留給我們的信息，已經可以清楚地看出，孔子決不是一個寡頭的人文主義者。他要我們「志於道，據於德，依於仁，遊於藝。」並說「朝聞道，夕死可矣。」想必他晚年有一些思考成熟的智慧結晶，通過弟子商瞿以及後來一代一代的學者保留在《易傳》之中。可惜我們現在已無法判定，那些「子曰」是孔子本人的言論，那些是他的弟子或後學的言論。我們只能夠判定，《易傳》裡有許多與孔子思想完全符合的言論。譬如〈乾象〉曰：「天行健，君子以自強不息。」這是與《論語》的無言之教一貫的思想，想必是出自孔子本人的傳授。

《易傳》明白指出，道不是一物，故〈繫辭〉曰：

> 形而上者謂之道，形而下者謂之器。

但中國先哲並不像希臘哲人那樣，把形而上的道視作超越世間的永恆的實體。道流行於世間，故道器相即，道即器，器即道。這是傳統中國哲學的特色。而道也不能像道家那樣只作消極方面的了解，它是生生不已富於創造性的天道。故〈繫辭〉曰：

> 一陰一陽之謂道，繼之者善也，成之者性也。

神化不測的天道表現出來成為自然與人文的秩序。〈彖〉曰：

> 大哉乾元，萬物資始，乃統天，雲行雨施，品物流行。大明終始，六位時成，時乘六龍以御天，乾道變化，各正性命。保合太和，乃利貞。首出庶物，萬國咸寧。

這簡直是一篇對於生生之德的贊頌詞。六十四卦只乾坤二卦有〈文言〉。〈乾文言〉把元亨利貞提升成為天德，曰：

元者，善之長也，亨者，嘉之會也，利者，義之和也，貞者，事之幹也。

此處的德自當作廣義解，而天人之間有某種應和的關係。

一九九四、五、十八

《易傳》的世界觀

由《易傳》提鍊出來的世界觀，顯然與原始人的迷信，已經沒有什麼關係。天仍然是被信仰的對象，它是存在與價值的根源，但已不突顯人格的形象。神化不測的天道要通過我們的智慧去把握，故〈繫辭〉曰：

> 仁者見之謂之仁，知者見之謂之知，百姓日用而不知，故君子之道鮮矣。

天人之間的連繫乃存乎其人。如果能夠明白易的道理，自可以應用無窮。〈繫辭〉曰：

> 夫易廣矣大矣，以言乎遠則不御，以言乎邇則靜而正，以言乎天地之間則備矣。

天下的事雖複雜，最重要在能以簡馭繁。

六十四卦的系統以「乾」、「坤」兩卦為樞紐。〈繫辭〉說：

乾以易知，坤以簡能，……易簡而天下之理得矣。

又說：

夫乾，其靜也尊，其動也直，是以大生焉。夫坤其靜也翕，其動也闢，是以應生焉。

乾坤所要闡明的不外是通過陰陽的辯證，去掌握「大生」、「廣生」的道理。照著這樣的道理去做，自然可以擴大自己的生命。〈繫辭〉乃繼續說：

廣大配天地，變通配四時，陰陽之義配日月，易簡之善配至德。子曰，易其至矣乎。夫易，聖人所以崇德而廣業也。知崇禮卑，崇效天，卑法地。天地設位，而易行乎其中矣。成性存存，道義之門。

由此可以體現到天地人三才之義，在芸芸萬物之中，只有人能夠提升到自覺的層面，效法天地的境界。

由現代人的觀點來看，這些話不免講得太神奇了。但現代的問題恰正在，科技日進，卻反而像海德格所說的，「遺忘了存有」，體證不到生命內在的奧祕與神奇，像古人那樣真切地經驗到與天地的感通。現代人把自己由存在與價值的根源割裂了開來，其實《易傳》絕不是只講一套樂觀的哲學，它也在同時提出了嚴重的警告。〈繫辭〉說：

乾坤，其易之緼邪？乾坤成列，而易立乎其中矣。

要是反其道而行，

乾坤毀，則無以見易。易不可見，則乾坤或幾乎息矣。

生命的信息可以被死亡的陰影蓋壓下去。今日殺戮戰場上展示的悲慘景象，應該可以讓我們警醒了。《易》從來沒有教我們一套算命先生所預設的定命論，我們得依賴我們的智慧與決心為未來造命。

一九九四、五、二十五

陰陽五行圖式思想的應用

由《易傳》的材料，通過創造的解釋，可以提鍊出一套「生生不已」、「廣大和諧」的哲學，裡面包含了深刻的智慧與沖遠的境界。但陰陽、五行的觀念，從戰國時代的陰陽家鄒衍提出來，就有一種傾向，將之組織成為一個涵蓋天文地理，醫卜星相，無所不包的大系統。由天象與人事有某種神祕的關聯的預設開始，落下去應用，搜集了大量的材料，解釋歷史的演變，朝代的興衰，在現實政治上產生了巨大的影響力。這樣就造成了一個偽似科學的系統。陰陽五行圖式思想，兩千年來影響了我們民族的思維方式。到了現代，乃必須與之解構，才能脫胎換骨，接上現代西方科學的思維方式。

漢易完全由《周易》空靈的哲學智慧脫略了開去，把心思集中運用在具體細節的鋪陳上面。舉例說，《易緯》的卦氣說認定，卦爻的變化代表陰陽二氣的消長。它從六十四卦之中挑選了震、離、兌、坎四卦，代表東南西北方和春夏秋冬四時，稱為四正卦。每卦六爻，四正卦凡二十四爻，每卦代表一個節氣。又在六十雜卦之中選十二卦代表十二個月，稱為十二辟卦。陰陽二氣的相互推移決定了四時的變換，陰進陽退是消，陽進陰退是息。十月為純陰，坤卦主之，四月為純陽，乾卦主之。物極必反，如此循環往復，表現了一年十二個月的有規律的運轉過程。一年日數也是用六十雜卦來配的，每卦六爻，六十四卦正好三百六十爻，每爻管一天。《易緯》用四分曆，一年為三百六十五又四分之一日，多出的時間由六十卦平分，每卦得六日七分。通過這種由簡到繁，逐步擴展的程序，《易緯》架起了一個方圓整齊的框架。《易緯》還用易數架出了一個所謂「太乙九宮」、「四正四維」的框架，以「十五」這個神祕的數為紐帶，把五行思想與八卦思想結合在一起，極盡穿鑿之能事。

在漢代我們的祖先就能做出這樣複雜的系統，也是令人咋舌。李約瑟指出，陰陽五行說在當時並未使中國科學落後於西方。但長期受這種思想圖式的困縛，就不免成為沉重的負累了。

一九九四、六、五

五行說與五德終始的歷史觀

五行說與陰陽說原來並不屬於同一系統，它最初見於《尚書》〈洪範篇〉，水火木金土只不過是五種材質而已。但中國人講五行，比較注重自然界變化的力動面，與希臘人講永恆的四元素，側重的方向有所不同。到了春秋時代，《國語》〈周語下〉謂「天六地五」，注語還說：

天有六氣，謂陰陽風雨晦明也。地有五行，金木水火土也。

此時陰陽二氣還未突出，五行尚保持材質義。要到戰國時代的鄒衍，才首先提出陰陽五行的說法。照徐復觀先生的觀察，連《易傳》系統的陰陽觀念都不須要五行觀念，一直要到漢儒董仲舒採入陰陽五行之說，這才造成一大轉折，再到班固的《白虎通》、《漢書》〈五行志〉，乃完成了整套的體系。

《荀子》〈非十二子篇〉攻擊子思、孟子的五行說，素稱費解。現行的《孟子》、《中庸》

完全不見有關五行的說法，不知荀子所指的內容究竟是什麼。但晚近馬王堆帛書出土資料逐漸整理出來，這一個公案的謎底才有揭曉的機會。帛書中有孟子後學的作品，裡面講仁義禮智聖，把仁義禮的德目與氣的觀念連在一起，並有仁氣、義氣、禮氣一類的說法。荀子所不滿的可能是這一類的東西。但帛書孟子後學的作品並沒有什麼怪異神祕的說法，荀子的攻擊還是不免過分。但由這裡卻可以看到，鄒衍的思想與這一類儒家的思想的確可能有某種關聯性。他講五德終始，向諸侯進行遊說，也的確有某種道德的動機。難怪漢儒像董仲舒會接受這一路的思想，希望統治者修德，否則就會被新的政治力量取代。

有趣的是，由五行相勝的說法轉成五德終始的歷史觀，在漢高祖起義時已十分流行。《史記》記載他擊項羽而還，入關，問故秦時上帝祠：「何帝也？」答覆是有白青黃赤帝之祠，他乃以黑帝自居建祠。但他剛起事時斬蛇，有赤帝子斬白帝子的說法，以致引起後來漢代究竟是火德（尚赤）抑或是水德（尚黑）的爭論。王莽後來定漢為火而以土自居，劉秀才再受火德之命恢復漢祚。我們在今日自不再信這一類的東西，但古人想在自然與人事找尋規律，說服政治領袖修德，卻是無可厚非的。

一九九四、六、十二

天人交感的兩種不同模式

「天人合一」這個詞並不見於先秦儒家典籍如《論語》、《孟子》之類，但孔孟思想的確肯定天人之間有十分緊密的關係。孔子一方面繼承了傳統的觀念，如像他說「天喪予」之類，似乎還把天看作人格神的樣子。但在另一方面，他已有了全新的突破，他的「無言之教」所彰顯的是天的非人格性。天是默運在宇宙間的生力，並不強行干預自然與人事的作為。此所以孔子雖對天有很深的敬畏，並以天為楷模，卻在同時加強了人的參與性與自主性，而斷言：「人能弘道，非道弘人。」

孟子的思想與孔子一致，但他提出了心性論，更豐富了儒家思想的內涵。他主張：「盡心，知性，知天。」人只要能夠擴充自己原有的惻隱、羞惡、是非、辭讓之心，把自己性分中善的稟賦發揚出來，就是照著天的意旨行事。中國式的人文主義從來不是寡頭的人文主義，人不與天的超越泉源割裂開來。只有荀子才有異論，但荀子與他所開啟的法家思想從來不居主導地位，中國的傳統無論儒家道家，始終是天人合一的思想。

然而孔孟的思想並沒有任何迷信的成分在內。天有許多不可測處，《論語》子夏乃謂「死生有命，富貴在天」，《孟子》也只說「正命」。他對「五百年必有王者興」有一種殷切的期盼，但沒有任何企圖去預測歷史，墨家攻擊儒家的定命論，顯然是基於一種誤解之上。但到了漢儒講「天人合德」，情況就完全不同了。儒家思想與陰陽家、雜家思想合流，把天人交感固著化變成了五德終始的歷史觀。聰敏人像王莽就會去造符命來篡奪漢室的江山，劉秀也利用這一套來恢復漢祚。到了東漢末年，張角乃大事宣揚「蒼天已死，黃天當立」，來支持他的顛覆活動。漢易講象數已由哲學智慧脫略開去，讖諱充斥了種種奇談怪論，真是到了荒誕不經的地步。到了魏晉，天才人物王弼乃盡掃象數，改以義理注《易》，確實令人一新耳目。但王弼是以老注《易》，還有一間之隔。宋代程頤注《伊川易傳》才回返以儒家的義理注《易》。

一九九四、六、十九

朱熹的易學

朱熹在哲學綱領方面完全依從程伊川，但對《易》的理解卻不肯苟同。《伊川易傳》純以儒家的義理解《易》，未必能夠切合原典的意思。伊川與精於象數的邵康節同里巷，幾乎無話不談，就是不談《易》。康節想把象數之學傳給二程兄弟，但他們就是沒有興趣。由一則小故事就可以知道兩方面進路的差別。康節精於占算，伊川則完全不理這一套。一日雷響，康節還來不及占算，伊川就說他已知道雷起自何處，康節驚問所以，伊川的回答是「起於起處」。由此可見，義理派與象數派的關注點截然有異，很難談到一起去。

但朱熹是一個綜合型的心靈，他要兼包義理與象數。他對伊川的批評是，伊川要講義理，儘可以另撰一書，不必與《易》拉在一起。故他自己著《周易本義》一書，明白承認《周易》原來是占卜之書，他還到民間去學火珠林一類的東西，我們現在所知道的占法大體就是朱熹熟悉的占法。朱熹的弟子蔡元定更是比他更精的易學專家。朱熹偶然也做占問之事，有一次他要出去抗爭，門人苦勸他，意猶未解，結果卜得遯卦，於是閉門不出，自號遯翁，可能避開了一場災禍。但講學則不輟，決不因此背棄了自己的原則。

現行本《周易正義》未必是朱熹手訂的本子，但總是朱門傳下來的東西。此書一開始就列出康節傳留的先後天圖，如所周知，河圖洛書一類的東西只見於文字記載，以前並沒有人見過圖書，到了北宋突然冒了出來，其來源乃出自與宋太祖趙匡胤同時的華山道士陳摶。朱熹卻深信不疑，有人提出質問，他的答覆是，圖書本是儒家故物，流落到道家手裡，如今失而復得，有什麼可以大驚小怪的。

朱熹以他開放兼容並包的心靈把象數之學、漢儒陰陽五行的宇宙觀全部吸納進他的系統之中，這在當時是一種成就。然而不幸的是，這一套宇宙觀長期宰制中國人的心靈，阻抑了中國在科學方面進一步的發展與突破，到後世變成了一種負累，不能不與之徹底解構。

一九九四、六、二十六

考據易學的貢獻與限制

清初學風轉向考據，影響最大的當推閻若璩之考證偽古文《尚書》，原來所謂「人心惟危，道心惟微，惟精惟一，允執厥中」的十六字心傳乃是出於後人的偽造，打擊不可謂不大。《易》的圖書本來就有問題，故清初黃宗炎、胡渭輩提出質疑，應該是很自然的一件事。

到了民初，疑古成為風尚，顧頡剛的《古史辨》尤其發生了巨大的影響。他的古史積累形成的觀點不無他的道理，只不過疑古過甚而造成了偏向。晚近大陸出土文物資料大量增加，對於這樣的偏向有所校正，漸漸可以建構出比較接近古史真實情況的圖象。對於《易》的考證，李鏡池、高亨等學者作出了很大的貢獻。現代人已經不信傳統視為天經地義的看法，如伏羲畫卦，文王重卦並作卦爻辭，孔子作十翼之類。但傳統的說法並非無因而起，經過小心的檢證與解釋，就可以還原出比較接近古史真相的圖象。譬如伏羲乃是神話傳說中的人物，自不能當作信史。但卻由此可以推斷，八卦的起源或者與西南地區的少數民族有所關連，而且是早於農耕時代的產物。文王自不必一定是卦爻辭的作者，但《易》之興可能與殷周之際的憂患意識有關係，《易經》是在周初根據卜筮的檔案整理編纂出來的東西。《易傳》所謂十翼則可能是受到孔子影響孔門後學的作品，其下限可能在戰國時期，不能進到漢代去。總之考據必須根據所掌握到的可靠的種種說法，我們可以不斷修改我們的看法。

但考據也有很大的限制。疑古、解構作出了貢獻，卻也造成了「化神奇為腐朽」的效果。譬如〈乾文言〉說：

> 元者，善之長也；亨者，嘉之會也；利者，義之和也；貞者，事之幹也。

元亨利貞被看作天之四德。但根據高亨的考證，這並不是這四個字的原意，而應讀作：「元亨，利貞」，也就是在「大享」祭的時候，利於「占問」的意思。〈乾文言〉的哲學涵義就被完全取消了。由此可見，我們並不只是一味要找《周易》的本義。換一個眼光看，《周易》不斷在形成中，由一部占卜之書，蛻化為哲學的寶典。通過它我們可以看到過去的歷史與不斷創造蘊發出來的智慧。

一九九四、七、三

《周易》統觀

現在我們明白，《周易》無法化約成為一個單一的題材。它既是一部占卜的書，也是一部哲學的書。在它裡面，我們可以找到神祕符示，也可以找到理性／自然符示，宇宙符示，道德／形上符示。但我們仍然忍不住要問，能不能在這部書中找到通貫的線索呢？由卡西勒的文化哲學那裡得到啟示，如果我們不去找「實質的統一性」，轉而尋求「功能的統一性」，那麼就會透露解決問題的曙光了。依我之見，這個通貫的線索仍在中國傳統所強調的「天人合一」的睿識，如果能夠給與它適當的解釋的話，不只可以找到打開《周易》的奧祕的金鑰，還可以為之找到現代的意義。

「天人合一」在功能上有各個層次不同的涵義，要用抽絲剝繭的方式慢慢地將之揭示出來。古代人在天象與人事之間處處找到神祕的關聯，於是通過種種的方式去占問，原始宗教是一種普遍於人類的現象，只是占卜的方式各有不同而已！文明發展到一個地步，明白「義命分立」，於是作出「解消神話」的努力。但有一個根源的神話是不可以解消的，那就是我的生命是有意義的神話。我的生命的來源不在我自己，甚至也不在父母，而在那神祕的天。我不能證明生命是有意義的，但沒有了這樣的預設，一切將淪為虛無，所以我不得不信仰這一個得不到解釋的神話。而天意既不可測，我也不能完全排除占問之事，只不強為之解就是了。

其次，一切科學之所以可能，必預設自然的架構與人心的架構有某種應和的關係。否則根據有限事象的觀察所作出的邏輯推理與經驗推概的結果，就不能夠假定其有效性。現代人已不聲稱能夠把握客觀的真理，但仍不能不肯定事象有一定的規律性，雖然我們並不明白這樣的規律性的來由。由此我們可以大膽跳出科學實證的領域，作出一些宇宙論的推斷，形成一些合理的世界假設，由生態和諧的要求做進一步拓展，建構一套天人合一的世界觀。最後每個人可以由自己生命內部體認到一個道德自律與創造性的根源，故生命有限，卻又可以通於無限，終可以體證到張載〈西銘〉所謂「存吾順事，歿吾寧也」的平和境界。

一九九四、七、十

對於當前《周易》熱的觀察與反思

當前流行《周易》熱，這是一個極為奇特的現象。通常大眾與精英的趣味迴異，各自喜好十分不同的東西。但在《周易》，至少表面上呈現了一種合轍的現象。在香港來說，書店裡面純學術性的書籍銷路缺缺，但總有一架子易書，表示有市場的需要，這是一種異數。

就大陸來看，易學的復興是可以理解的。文革時候把舊的東西徹底破壞，文革以後自然而然產生了反彈的現象。譬如山東大學的劉大鈞教授，由於家學淵源的緣故，率先創辦《周易研究》的學術性雜誌，得到了很好的成績。好幾年之前，大陸就有全國性的周易研究的學會，組織學術會議讓學者發表論文，反應之熱烈令人矚目。除了傳統的義理、考據的進路之外，還有數理、資訊、管理、醫術各方面的進路，叫人目不暇接。兩岸在這方面的交流也有長足的進展。年前在著《易學哲學史》的北大朱伯崑教授的領導之下，得到美芝靈集團的支持，對《周易》展開全面性的研究。《周易》是民族留下的寶貴遺產，如今受到這樣的重視，當是一件好事。目前提出來的研究成果固然良莠不齊，假以時日，應可以有相當可觀的收穫。

至於民間對周易命相一類的東西有興趣，或者是因為感覺到命運並不操在自己的手中，於是訴之於超乎理性可以把握的一些因素。在大陸似乎各種宗教都有市場。最諷刺的是，連一輩子主張無神，把無神論寫進憲法的毛澤東，死後也變成了神。據說有計程車司機懸掛毛像得以免於車禍，於是人人懸掛毛像，希望能夠得到毛的神靈的護佑。其實在香港，拜神祈福的行為也是十分普遍，科技的進步並沒有驅除所謂的迷信。由此可見，現代化並不能取消宗教方面的需要，重要的是，人要找到健康的宗教的信仰，不要盲目信仰，受到邪教的欺騙與擺佈。

在《周易》之中，既有智慧的資源，也有迷信的積澱，必須仔細加以分辨認取。我在這裡所提供的是一把鑰匙，去開啟《周易》的寶庫。

一九九四、七、十七

輯六

傳統智慧的闡釋

日本的自然環境與禮儀

四月間日本著名的儒學者岡田武彥教授在福岡召開東亞傳統文化的國際學術會議。岡田是王陽明的崇拜者，曾捐款在浙江修建陽明墓，又曾到貴州去尋訪陽明遺跡。外國學者對我國傳統文化的重視實令我們為之汗顏。我已有二十年未訪扶桑，趁機一遊日本，由大阪經京都到東京轉福岡，一路上追逐櫻花。今年的櫻花不知為何比較遲開。京都運河兩岸粉紅的櫻花含苞待放，一棵櫻花隔著一棵新抽條的嫩綠的柳樹，背景偶有蒼松陪襯，那種雅致絕非我們的惡俗可比。坐巴士沿途看到的景觀整齊清潔，連農家也沒有破落的屋宇，一路上沒見過禿頂的光山。這才令我驚覺到日本人是真正地愛護他們的自然環境，「天人合一」對於他們並不只是抽象的觀念或空洞的口號。

到了福岡，才看到盛開的白色的櫻花，日本人鋪了蓆子，趁夜來欣賞這稍縱即逝的良辰美景。我們到處遇到的日本人都是彬彬有禮，由湖畔酒店的職員到負責迎送的大學教授，均列隊站在路邊向賓客致意，令我們油然而興「禮失而求諸野」的感想。在福岡附近竟然有一座孔廟，佔了整個小山頭。這廟是依想像而建，除祀至聖先師之外，兩旁從祀的是顏子、曾子、子思、孟子。廟裡用的大量象徵是龍的符號，未免不倫。但他們對教育的出自中心的崇敬令人感動。

我絕不是說日本一切都好。他們的建築雖美但要用大量的木材。他們保護自己的林木，卻花大量的錢去砍伐澳洲的木材，不免有破壞別人的自然之嫌，他們吃鯨魚、魚翅，大量捕魚，也為國際所詬病。最荒唐的是，日本的右派根本否認有南京大屠殺其事，還在辯稱日本打仗是為了建立大東亞共榮圈，根本拒絕為二次大戰的暴行向深受其害的鄰邦道歉。日本要是缺乏這方面的自省，儘管他們經濟力量雄厚，也沒有資格做東亞的領袖，在國際政治上扮演一個更重要的角色。但在另一方面我們不能因此拒絕看到人家的長處。海峽兩岸有人說是兩個巨大的垃圾堆；現在的中國人是赤裸裸地向錢看，絕無禮儀可言。這是我們自己必須好好自省的地方。

一九九四、七、二十四

和諧與鬥爭

福岡並不是一個國際城市，這次開這樣的國際會議還是第一遭。除了研討東亞傳統文化以外，還紀念地區的大儒貝源益軒，請狄百瑞教授作主題演講。狄百瑞追溯回中國的文化傳統，說過去的中國有精英階層，卻沒有精英主義，可謂深得我心。外來的學者北美較多，歐洲只有一兩位來點綴。亞洲除日本學者之外，多是兩岸三邊的學者，可以用中日文作論文報告，只有少數的組用英文報告，這是與一般的國際會議十分不同的地方。

大陸這次來了十多位學者。據我所知，八九民運之後，學術文化活動曾經受到沉重的打擊。近年來一切向錢看，學術教育機構都要去搞「創收」，基礎教育也沒有人理會，不免令人憂心。但晚近新的介紹學術文化的雜誌像雨後春筍一樣地出來，有些基金願意出錢資助學術研究與出版，似乎有復甦的跡象。這次與會的多是研究傳統文化的學者。令我感到驚奇的是，現在大陸流行的新趨勢是大家一窩蜂地講和諧，恰好與文革時代的講鬥爭作了一百八十度的倒轉。舉例說，人民大學的張立文教授提倡他所謂的和合學；北大的陳來教授的文章有兩節的標題是以仁為體，以和為用；樓宇烈教授甚至認為，在今日的社會有重新提倡禮樂的必要，而這是基於切膚之痛的反省的結果。難道這些不是與毛澤東之以階級鬥爭為綱截然相反的思想麼？當年楊獻珍講合二為一，而毛一定要講一分為二，就把楊獻珍等一干人鬥得家破人亡。大概現在官方的說法是，毛當年對馬克思的思想作了過分片面的解釋。現在雖還是對傳統有所批判，但更注重的是發掘傳統的資源，重新闡釋和諧的理念，而這變成了研究傳統文化學者的共識。

當然這只是一部分學者的意見，也是接近鄧派的官方的意見，鄧是最寶貴他的家庭的。但官方對毛的功罪是七三開，指導的還是毛澤東思想，那就難以祛除人們心頭的疑慮了。有些反對官倒的人反倒懷念以前像焦裕祿那樣無私的幹部。中共官方如今想借助於政治化的儒家，恐怕難以收到他們所希祈的效果。

一九九四、七、三十一

孟子心性論的再反思

五月間臺灣中央研究院文哲所開國際孟子會議，邀請我去作主題演講，其實我並不是專攻孟子的學者，但由宋明上溯先秦，回到孔孟思想的根源，而幼承庭訓，五〇年代初大一國文就是讀的《孟子》，孟子提出心性的問題，不斷引發思慮，浸淫數十年，也確積累了一點自己的心得，可以提出來與大家切磋討論。

孟子心性論已經聚訟了兩千多年，還有什麼新義可以提出來呢？有趣的是，現代西方學者由我們想像不到的角度的確提出了一些新的觀點，逼使我們作深一層的反思與回應。我的文章的頭兩節就對孟子心性論的淵源與涵義，針對西方學者提出的新看法作出了討論。在七〇年代美國哲學家芬格雷出版了《孔子》一書，在西方學界引起了巨大的震盪。他長期讀《論語》，覺得孔子的思辨、學識都很平常，始終不明白他的吸引力究竟何在。有一天忽然恍然大悟，孔子的禮是繼承自古代祭祀的儀式，在人間社會之中，人與人以禮儀相處，就可以產生魔術一般的作用。他由行為主義的角度對孔子的思想重加闡釋，發現它不乏現代的意義。這樣的說法確實令人一新耳目，在西方學界引起了廣泛的對孔子的興趣，可謂功不可沒。但他譴責孟子，謂孟子把焦點轉移到心，開始了一個主觀主義的傾向，扭曲了孔子的思想，以至千百年來掩埋了孔子思想的真義。

這樣的說法對孟子是不公平。二十多年前在紐約開會，老友傅偉勳和我就對這種觀點提出駁斥，把它當作西方學者不能從中國的觀點來了解中國思想的例證。芬格雷反對笛卡兒的心物二元的思想，於是也譴責孟子把心割裂了開來，走上了主觀主義的錯誤的道路。但他忽略了孟子的心並不是像笛卡兒那樣的只會思想的心，孟子的心乃兼情意而言，根本並未在心物之間劃下一道不可跨越的鴻溝。我現在更進一步指出，孟子講喪葬的起源是因不忍看到親屍暴露於野的慘狀，乃直接繼承自孔子所謂「喪與其易也寧戚」的說法。而「仁心」絕不是孟子憑空臆造出來的東西，孔子稱讚顏回就說「其心三月不違仁」。由這些證據，我們怎麼可以說孟子思想是對孔子思想的扭曲，而不是它的進一步的發展呢？

一九九四、八、七

孟子是否重視共同人性？

芬格雷的說法是錯誤的，但卻發生了「他山之石，可以攻玉」的效用。西方學者是為了剷除自己傳統中的負累，於是把自己的成見強加在別人的傳統上面，自未見其是。但他用行為主義去解釋孔子的思想的確開創了新的領域，只不過我們不可以照單全收，因為中國傳統缺少西方二元對蹠的思想，不能造一個主觀主義出來與行為主義對抗。事實上孟子承認，「氣一以動志」，也指出在大多數人的情形之下，無恆產即無恆心，而很重視農桑一類的實際事務，只只必須分別主從，以勞心比勞力更重要罷了！我無意美化傳統中國思想，它有它的負累，只不必同於傳統西方思想的負累罷了！

同樣的情況出現在安樂哲對孟子思想的解釋之上。他認為，中國缺乏西方柏拉圖式的本質主義的思想，這是不錯的。但他進一步的推論就產生了一些奇詭的效果。照他的說法，中國傳統並沒有一個不動不變的性擺在那裡，故孟子的性善只能理解成為一種動態的成就概念。

人人的起點既都是一樣，故共同的是不重要的，重要的是各人的努力，這才能夠成就聖賢與眾不同的德行與事業。今年初出的《東西哲學》學報卜愛蓮有長文，對安樂哲的說法提出商榷。她指出，即使我們應該強調動態的角度，也不能說孟子不重視「共同人性」（common humanity）的觀念。孟子不只喜歡講心之所同然，他也喜歡舉口之同嗜一類的例證，可是他絕非不重視共同的東西，而是強調人的行為有共同的傾向（propensity）。

基本上我認為卜愛蓮的論辯是正確的，安樂哲的推論未免太過，但她只講行為的傾向還有所不足。中國既然根本缺乏本質主義的思想，那麼何必像安樂哲那樣對於人性的普同作出任何沒有必要的忌諱呢？孟子明言「盡心、知性、知天」，在他的思想之中，心性確有一超越的根源，只是天是一不可測的創造性的力量，不能夠解釋成為希臘式的不動不變的實體。而人與禽獸不同正在他們有共同的心性的稟賦，這正是他們向善的超越心性的根據。孟子正是在這裡講性善，他從不否認人在現實上為惡，他並不是通過經驗的觀察與推概來建立性善論。

一九九四、八、十四

人性與基因

中國古代的人性論到今天還有意義麼？表面上看這些已是過時的東西，其實並不盡然，讓我們先檢討西方人性觀念的變化，然後再回頭來考慮這一問題。西方古代最有代表性的是亞里士多德的看法：人是理性的動物，人禽之別的關鍵在人有理性，有能力觀照永恆不變的真理。這種觀點到現代受到了挑戰。杜威根本不信有永恆的真理或人性。存在主義者沙特更進一步，宣稱人根本沒有本性，人的架構是自由，永遠不斷在否定過去，塑造未來，在一切不確定的情況之下充滿了焦慮不安之情。由哲學轉到心理學的領域，世紀初熱中於對本能的研究，但以後逐漸冷卻，幾乎到了無人問津的地步。遺傳與環境的力量孰大則聚訟不已，並無定論。一度相信後天教育的力量可以造成巨大的改變，但近年來又擺向偏重遺傳的影響。生物、醫學有長足的進展，現在很多科學家相信致癌與遺傳的因子有關，甚至犯罪也有生理因素在作怪。

新的一期《時代》雜誌（八、十五）的封面主題是「不貞——可能是基因的影響」，文中報導了晚近進化心理學的觀點，有一些很有趣的觀察。傳統的看法認為，人天生成雙成對，所以一男一女的婚姻制度最合乎人性，現在的研究卻認為婚姻制度是文化的產物，並不一定合乎人的自然傾向。不錯，大自然為了種族的綿延，的確讓男女之間有強烈的感情與性的吸引。但這樣的吸引會減弱甚至消失，同樣是很自然的傾向。男女的行為有別顯然與生理的不同有關係。女人因為會懷孕，所以對男伴的選擇很嚴格，絕少第一晚就主動要求上床。男人對女伴則不怎麼挑剔，一見動心就會有性的衝動與要求。女人下意識要求男人的基因強，又能供養下一代，二者不能得兼，就會欺騙有錢的男人供養她，而另有情人。男人則更糟糕，有錢有勢的男人莫不有一大堆女人。

但進化心理學並不持生物決定論的觀點，恰正相反，人有情感，有思想，常常反自然的傾向而行事。人的心理常常受生理影響，古人早就知道，故孟子說「氣一則動志」，然而孟子不只注重「思」，還要自作主宰，而其所以可能則是因為人在生物層面之上還有一個超越心性的層面。

一九九四、八、二十一

孟子與告子論辯的再闡釋

孟子超越的人性論通過與告子生物的人性論的對反而展示出來。孟子與告子的論辯總共四折。首兩折辯「性猶杞柳」、「性猶湍水」，這樣的論辯建立在類比推理之上，要看取義適當與否，缺少邏輯上的決定性。第四折長篇大論辯「仁義內在」問題，不是本欄有限的篇幅所可以處理的。我最有興趣的是第三折論辯，不妨把原文徵引在下面：

> 告子曰：「生之謂性。」孟子曰：「生之謂性也，猶白之謂白與？」曰：「然。」「白羽之白也，猶白雪之白；白雪之白，猶白玉之白與？」曰：「然。」「然則犬之性，猶牛之性；牛之性猶人之性與？」

這個論辯仍是建築在類比推理之上，但推理的前提得到告子的首肯，推理的結論似乎是荒謬的，於是告子默然無語，似乎承認論辯失敗了。我初讀這個論辯，總覺得孟子只能服人之口，不能服人之心。論辯由他這一方記下來，當然總是很容易把對方放在一種不利的情勢之下。這個論辯看起來像詭辯，只是告子思想不慎密，隨口答應，於是落入了孟子的圈套。其實「白」是形容詞，「性」是實體詞，二者之間怎麼能夠作適當的類比呢？

近來我再四尋思，才發現過去的注釋家從來沒有真正把握到這一問題的癥結之所在，所以講得不透，難以令人滿意。告子「生之謂性」的說法是古代傳統的說法。傅斯年著《性命古訓辨證》指示，古代「生」字與「性」字互訓，並沒有在彼此之間作出分別。告子的說法的意思是，與生俱來的就是性，故此他主張「食色性也」，又主張性無善無不善。孟子卻不滿這種傳統的說法，對性產生了全新的不同的理解，這才與告子有了這一場論辯。我現在才發現，撇開孟子所設的圈套不言，如果以告子本人的思想為標準，他並沒有輸掉這場論辯。如果真正是食色性也，那麼人的自然生命，即所謂性，與牛的自然生命、狗的自然生命有什麼區別呢？故孟子推出的結論對告子來說並不是荒謬的，而是事實情況如此，故他不再作進一步的論辯。只有當孟子把人禽之別的「幾希」當作人性，這才在傳統的說法之外，另外開闢出新的天地，這才可以說性善。而荀子又回到傳統的說法講性惡，於是未能把握到孟子的微意。

一九九四、八、二十八

人禽之別涵義的討論

孟子言心是直承孔子，這不成問題。但孔子極少言性，只肯定人有巨大的潛能，而有「己立立人、己達達人」的抱負。至孟子才言性，這是他對儒家思想的貢獻。孟子突破了古代「生之謂性」的舊傳統，由人與禽獸不同的特殊稟賦以言性，這才倡性善。

由此可見，他不是在經驗推概的層次上立論。如就人的現實行為而論，無論說人性善，性惡，無善無惡，有善有惡，都可以找到根據，也都可以找到反例來加以駁斥。正像康德所說的，在純粹理性的範圍以內根本就無法建立形上學：正題與反題互相對反，互相抵消，這在心性的形上學來說，也沒有例外。

康德是通過實踐理性的要求來建立意志自由的基設，勞思光先生稱這樣的進路為「窮智見德」。但中國哲學的思考並不以純理為起點，乃不須走如此迂曲的道路。牟宗三先生乃繼承熊十力先生的睿識以仁心為呈現，直下肯定智的直覺。孟子講良知良能，也就是說，人只要對自己與生俱來的良知或實踐理性信得過，把仁心充分擴充出去，就可以行道於天下。

孟子這樣的說法並沒有否定人可以在現實上為惡，牛山濯濯的活潑生動的比喻就可以看到，人在現實上的惡行可以造成多大的損害。但孟子仍肯定仁義禮智根於心，就人禽之別的「幾希」來肯定人所稟賦之心性之善，隨時隨地由四端之微呈現出來，再提升到自覺的層面加以培養擴充，自然會有巨大的收穫。或謂你這樣的解釋或者可以讓孟子的一套自圓其說，但卻不免違背時代潮流的思想。

現在人明白，自然界弱肉強食的殺戮，有自然生態的節制，只有人才濫用資源，殘殺無辜；禽獸的確與人有分別，實際上比人好得多。就實際效果而言的確如此，但禽獸依本能行事，人是唯一能夠自覺行善的生物，故此正因人的殺傷力之巨大，更應該加緊提高人的自覺，否則可以造成毀滅性的後果。而人禽之別也不含歧視禽獸的後果。

王陽明曾替孟子解說，人用手足捍衛頸，不是不愛手足，用草餵家畜，宰牲畜饗賓客行祭禮，也不是不愛草木禽獸，災荒時力之所及只救親，不救途人，是理合該如此罷了！時人有認為動物的權益比人更重要，這是矯情的說法，不如儒家思想之平實易行。

一九九四、九、四

大同世界的嚮往

〈禮運大同篇〉是《小戴禮記》中的一篇，乃漢代的作品。文章託始孔子，回敘他有關「大同」與「小康」的討論。由於一般儒者所關注的主要是小康境界下的禮教，於是有學者認為，這是漢儒受到道家影響以後的說法，所以才會主張在小康之治之上，另有大同之治的境界。從考據的觀點看，孔子是否真說過這一段話，當然是可以懷疑的；而漢初黃老思想流行，當然也不能排除漢儒的思想曾經受到道家影響而有了改變的可能性。但對我們來說，最重要的問題是，〈禮運大同篇〉所表達的究竟是不是儒家思想？它講的理想是不是與儒家的精神有互相違背的地方，經過長時期的思考之後，我在這裡可以提出一個簡單明瞭的答覆：這篇文章的確是儒家的文獻，它所發揚的也的確是儒家的精神。我們千萬不可望文生義，只看到一些外表的形似，就誤判它的主導原則是道家乃或墨家思想。

為什麼我能夠作這樣斬釘截鐵的回答呢？那當然要提得出充分的論據才行。我們注意到，

〈禮運大同篇〉列舉小康之治的代表人物是禹湯文武成王周公，這已進入到夏商周三代「家天下」的規模之下，從來就不代表儒家政治的最高理想。所謂「仲尼祖述堯舜，憲章文武」，堯舜所代表的顯然是比文武更高的一層境界。而堯舜禪讓，豈不是「天下為公」麼！所謂「選賢與能」，則並不是我們今日實行的民主選舉，而是在位者選舉賢能來執政、繼位。儒家相信上古有一個天下大治的黃金時代，以後才慢慢墮落下來。在《論語》之中，孔子稱讚大舜「無為而治」可見這並不是道家專有的觀念。而在大同世界中，「人不獨親其親，不獨子其子，使老有所終，壯有所用，幼有所長」，這與孟子所謂「老吾老以及人之老，幼吾幼以及人之幼」的精神恰正是完全符合的。〈禮運大同篇〉提出一個和諧社會的遠景，這標示了儒家對於理想世界的嚮往。先秦道家老子要人「絕仁棄義」，「民至老死不相往來」，莊子主張隨順自然，絕對逍遙，根本缺少社會的關懷，怎麼會提出這樣一個大同世界人人守望相助、互助合作的遠景呢？

一九九四、九、十一

烏托邦的理想與實用的智慧

《禮運大同篇》無疑是勾劃了一幅儒家的烏托邦理想的圖畫。歷代儒家的思想也從不缺乏這一個層面。舉例說，朱熹頌揚三代之治，貶抑漢唐，他所依據的判準，無形中就受到《禮運大同篇》的影響。湯武革命，弔民伐罪，所突顯的是「公」心，而漢唐只是建立一家一姓的「私」天下，故雖有豐功偉業，仍不能不受到朱子的貶抑。到了明末清初，黃宗羲著《明夷待訪錄》，在《原君篇》中痛陳以天下為私所造成的毒害，他的思想背景正是抱持了可以回溯到上古時代的烏托邦的理想。

但在另一方面，儒家也有務實的性格。他們很清楚地意識到，上古的烏托邦理想並不是我們可以在現實上立時企及的境界，此所以它並沒有變成採取激烈行動的動力。且不說但求謀取一官半職的俗儒，就像朱子那樣的大儒也都把主要的精力放在教化的工作上面，事實上也只有到最無道的時刻才會有改朝換代的必要。而到新的朝代建立起來，最好的可能性也不過是小康之治而已，對此所以在長時期之內〈禮運大同篇〉並沒有受到特別的重視。這樣的思想模式當然有很大的限制，但卻也在我們歷史上造成長期「超穩定」的局面，表現了我們傳統的特色。

然而到了清末時，情況發生了根本的變化。康有為講孔子「託古改制」，以春秋三世義，所謂據亂世、昇平世、太平世，來比附〈禮運大同篇〉，後來還自著《大同書》宣揚他自己的信仰。革命領袖像孫中山最喜歡講「天下為公」的理想。毛澤東雖因反儒並不徵引〈禮運大同篇〉，但他講「破私立公」，也還是與這個傳統脫離不了關係。而現代社會主義烏托邦的實驗造成了前所未有的變局。

平心而論，有高遠的理想並不是一件壞事，它可以幫助我們看得遠一點，不至於完全困死在眼下的利欲膠盆之內。但人間的積弊絕不是一天就可以剷除得掉的。中國的傳統一向富於實用的智慧。陸賈早就提醒劉邦，馬上可以得天下，難道可以治天下嗎？不幸的是，毛澤東卻忘記了這樣的智慧，他迫不及待地想實現五斗米道張魯那樣吃飯不要錢的烏托邦，建立公社，發動文革，企圖用殘酷激烈的鬥爭手段來達到他的目標，結果造成了巨大的災禍。在今日我們必須領取這樣的歷史教訓，心中嚮往大同境界，也不忽視眼前的現實環境，而在烏托邦理想與實用智慧之間找到適中的平衡。

一九九四、九、十八

情欲與禮儀

《時代》雜誌通過晚近有關基因的研究討論「不貞」之一文，讀者來書大多堅持人禽之別，反對以自然的因素為人類出軌的行為作出辯解。即最近賣座不俗的電影《妳是我今生的新娘》，情節雖純屬虛構，也強調在一個性事自由的社會之中，男女之間的互相託付以及愛與婚姻、家庭的意義。我常常說，世界上沒有一個文明不對自然的情欲作出節制，問題的關鍵在怎樣才是比較合理的節制。一個完全缺乏節制的社會必復歸於野蠻而無法生存下去，此所以美國青少年肆無忌憚的犯罪行為不免令有識之士感到憂慮。當代西方哲學家芬格雷盛讚孔子在俗世禮儀之中看到神聖的意義，由行為主義的角度給出嶄新的闡釋，指出禮儀的施行可以得到魔術性的效用。波士頓大學的神學院院長與副院長南樂山與白詩朗，自稱波士頓的新儒家，闡發荀學的現代意義，隔（查里士）河與在哈佛提倡孟學的杜維明互相唱和。而杜維明開的講儒家精神性的通識課程，竟有四百多人選課，由此可見，這樣的東西的確有時代的需要。

回到中國的脈絡，近來重新反省明清之際思想轉變的線索，也發現了以前大家從來沒有注意到的一個視野。我在論黃宗羲一書中指出，他是宋明儒學最後一位代表人物，而陳確與戴震以情欲為首出，是提出了一個不同的典範。這樣的看法頗得到學者的支持。最近我才更進一步注意到，他們雖然在觀念上以情欲為首出，在行為上卻律己甚嚴，絕不似明末的李卓吾那樣放浪形骸。這樣的情形在顏元也是一樣。清儒不尚空談，故一方面注重文獻考據，另一方面主張恭行實踐，到凌廷堪乃明白提出以禮代理的看法。由此可見，民國初年學者盛讚戴震反對宋儒以理殺人，是個性解放的象徵與先驅，其實乃是一種誤讀。清儒不講天理，卻講禮教，不問道德內在超越心性的根源，單講社會外在軌範的推行與遵守，長久積累下來，才會產生嚴重的後果。孟子講良知，分別經權，外在的禮儀有內在的仁義為之調節，不會產生反人性的後果。

清儒力校王學末流之失，而自然情欲內在的調節力量不足，不得不仰仗外在的權威，這才是他律道德的施行，所謂「吃人禮教」的真正根源所在。

一九九四、九、二十五

自律道德與他律道德

自律與他律，是西哲康德論道德所強調的一對概念。譬如快樂論者認為，道德的目的是為了快樂，這就是一種典型的他律道德。這樣不只功利主義是他律道德，連古希臘的亞里士多德以道德的目的是為了實現「善」的價值，也不免他律道德之嫌。康德本人提倡義務論，道德並沒有另外的目的，通過實踐理性純出意志自由的判斷，只要「義」之所在，凡人之所當為，就要去做。依康德之見，只有自律道德才是真正的道德，他並將之與社會的倫理軌範分開來，後者是人類學家研究的對象，與道德哲學的問題沒有什麼關係。

如所周知，牟宗三先生以康德自律道德的觀念來疏解儒家倫理，發人所未發，還指出康德囿於基督教的傳統，否定人有智的直覺，有其不足之處，一時成為當代新儒家的顯學。牟先生對中國哲學，特別是儒家義理的開拓，所作出的貢獻是不容磨滅的。後學繼續作哲學問題的探察，又發現了一些新的視野，絕不可故步自封，還要努力繼續向前，作更深微更全面的探索。譬如最近中大研究生作康德與儒家倫理以王陽明為代表的比較，就發現康德有些思路與中國哲學傳統完全缺少契合之處。譬如康德力主理情分離，而中國傳統卻突顯理情交融，兩方面之距離實不可掩。

回到孟子，在中國傳統之中，心與腦根本沒有分化，康德所預設的笛卡兒的二元論根本找不到蹤影。孟子四端包括仁義禮智的萌芽，並沒有在認知心與道德心之間作出判然的分別。朱熹繼承了這樣的傳統，對本心的體認是遜於象山而有所虛歉，但牟先生以朱子突出認知心而判之為他律道德卻不免太過。仍與西方比論，難道因為蘇格拉底主張「知即德」，我們就可以判之為他律道德嗎？表面上看，朱子重認知心，重禮教，為傳經之儒，似與荀子更為接近。但朱子卻不把荀子包括在道統之內，並斥其盡是申韓之事，理由安在呢？那是因為朱子仍要道性善，保住性的超越根源。他的理氣二元雖有未瑩之處，但他仍在道學的統緒之內，絕不可以與清儒之完全切斷與超越之關連的那種他律道德混為一談。

一九九四、十、二

開羅的世界人口會議

九月在開羅召開的世界人口與發展會議出乎意外地圓滿落幕。出席的國家有一百八十個，這一次聯合國才真正名副其實地發揮了功能，大家一致同意通過了一個長達一百十三頁的文件，籲請各國政府撥款，每年花一百七十億美金來抑制人口的增長（見《時代》雜誌，九、二十六）。在開會之前，大家都感到憂慮。有些回教原教旨主義的團體據說要發動恐怖活動來對付這個會議；而梵帝岡則打算與回教結成神聖聯盟來反對以墮胎的方式控制世界人口的增長。事實上教皇曾經以強硬的語氣批評美國，而美國副總統哥爾則公開聲明，不會意圖爭取普世墮胎的權利。經過九天會議的熱烈爭辯，各種不同的觀點針鋒相對，互相較勁。最後會議居然未曾流產，達成協議，真可說是出人意表。而梵帝岡所以軟化的原因是回教國家並不反對節制生育，孤掌難鳴，只好在得到一些讓步之後，轉取妥協立場，趁勢鞠躬下臺。

在這一件事情上面，梵蒂岡是明顯地墮在世界潮流的後面。事實上聯合國所以選開羅作為會址，正是因為埃及在節制生育上面有卓越的表現，八五年還是百分之三的增長率，如今已降到百分之二左右。伊朗也驕傲於自己節制生育的成果。大會的主旨最後決定，讓生養子女的婦女有更大的說話的權利。如今埃及的婦女都知道無限制的生育不是好事，生了兩個之後就要停止，即在農村，養育子女也越來越不易，漸漸形成節制生育的觀念。

照一些統計數字看，一九五〇年世界人口只是二十五億，到二〇五〇年可以爆炸到一百二十五億，怎麼可以不作節制人口的措施。不但自然的資源無法支持這樣日益增長的人口，事實上生而不養，造成人間的不幸與痛苦，乃是一項更大的罪惡。在中國的情形，現在已有十二億人口，據估計每年的增長率以百分之一點四計算，是一千七百萬，即是半個加拿大的人口，怎麼可以不大搞節制生育！否則誰來養這些多出來的中國人？由這個角度看，美國由所謂人道的立場反中國的嚴厲節制生育，與以前反對香港遣返越南船民的姿態，同是一種偽善，到海地、古巴難民擁來，肥皂泡就戳破了。

一九九四、十、九

宗教之間的交流對話

這個學期開學之前，我到波士頓大學去參加了第三屆儒家與基督教交流對話的國際研討會，前兩屆分別在香港中文大學與加州大學柏克萊分校舉行。八八年在香港開會時還成為傳媒所注視的一個焦點所在，因為當時有天主教的代表由海峽兩岸來參加。現在前後參加了三屆會議的核心分子已經比較熟絡，彼此在會內外都有進一步的交流對話。這次來聽講的不只有波士頓地區關心文化價值與宗教信仰的華裔朋友，其中更有一位是著名製藥公司的高級研究人員，很熱心地要找我們談。原來他們已體悟到，光靠藥療是不夠的，必須要在觀念上有所突破才行。我答應把前年十一月在中大開的世界華人精神治療會議的論文集寄一本給他。當時我應邀以英文作了一次討論中國儒家思想的精神治療功能的主題演講。主持會議的精神治療系同仁對我說，要根據儒家哲學思想發展出一套精神治療技巧很不容易，我講的中國傳統的修養工夫其實比較偏重在精神保健方面。無論如何，人是一個身心連貫的整體，這是當前海內外、中西學者的共識。人的信仰對人的健康有重大的影響，這是現時宗教與醫療界共同關心的重要論題。

有趣的是，有一位學者專門研究宗教之間的交流對話，專程由西岸來與會作實況觀察。他是南加大的尤鏗（C. Joachim）教授。他也在大會應邀發言講他歷年觀察以及歸納得到的成果。他作了一個很有趣味而有意義的區分，他指出「宗教之間」（interreligious）與「宗教之內」（intrareligious）的交流對話不同。前者是代表不同宗教的立場互相對話，如佛教徒與基督教徒之間的對話。這樣的會常常變成各說各話，缺乏彼此之間真正的交流，我們的會應屬於後者的範圍，參加的人數不多，代表儒家的學者在數目上更少得不成比例，主要是信仰基督教的學者主動願意吸納儒家的部分思想與價值，以嚴正自己傳統的偏失。其實這類宗教之內的交流對話，所謂儒家思想已經是通過基督教觀點闡釋後的儒家思想。

我覺得他的說法大體是不錯的，在波士頓的一個熱門題目是，如何一個人同時可以做一個好的基督徒與儒家，往往由自己的傳統翻出去接上其他傳統才有更積極正面的效果。

一九九四、十、十六

宗教和平與世界和平

這次波士頓會議的主題，是討論宗教傳統如何面對現代文明的問題。我挑選了「宗教傳統與和平」這個題目，因為八九年初我曾應邀去巴黎參加過一次以世界和平與人權為宗旨的國際會議，現在做的是繼續上一次所作的更進一步的工作。巴黎的會是由德國文化協會推動，聯合國支持而辦成的，會議的程序十分特別。先由天主教負盛名的神學家孔漢思（Hans Küng）作主題演講，然後請有猶太教、回教、印度教、佛教與儒家等不同背景的學者予以回應。很明顯我是被邀由儒家思想的立場發言。

孔的演講十分不錯。他先指出，沒有宗教和平就沒有世界和平，而不同宗教傳統之間的互相交流，首先要避免三種錯誤的策略。首先是抱殘守缺，堅守壁壘；其次是隨波逐流，無分軒輊；最後是紆尊就下，品頭論足；這樣都不可能達致宗教之間的交流。他提議我們每一個傳統先做深刻的自省與嚴厲的自我批判的工作。他率先以身作則，痛斥傳統基督教不只沒有實現世界和平的理想，反而變成了世間紛爭暴亂的根源，文明許多進步是在教會的阻礙下形成的。我們今天中心的問題在，既要嚮往超越真理，又要兼顧現實，找一兩全之策。他指出世界各大宗教莫不正視人生問題，乃提出「真正人性」（The Humanum）為萬國遵守的標準，以此爭取人權，回應一百年前在芝加哥開第一次世界人權會議的呼喚。

我雖認識孔漢思近二十年，還是不免感到詫異而動容，我現在才明白當年教廷為什麼不能容忍他在瑞士教授系統神學。站在儒家思想立場，我對他的回應沒有半點困難。正好我在第一屆儒家與基督教交流的國際會議上，就發表過一篇嚴厲批判儒家傳統、呼籲在各方面可以向基督教傳統學習的文章。在中國歷史上借著孔子之名做反孔之事，絕不少於西方種種反基督的作為。但真正仁愛的原則如給與現代的闡釋是可以有重大的現代意義的。那時我已主張「理一分殊」的再闡釋，但還未提出對「兩行之理」作出創造性的闡釋的新見解。現在我明白指出「超越」是一行，「內在」是一行。每一個傳統都得受到時空的限制，卻仍不斷有所創發而嚮往於超越。但沒有一個傳統能夠聲言絕對，我們要警戒的是，不能借上帝、宗教之名去做魔鬼的勾當，而必須在宗教之內找到超越、和平的種子才能幫助嚮往現實上的世界和平。

一九九四、十、三十

認同問題的探索

前些時在中文大學舉行了一次國際會議，探討有關認同的問題，內容包括個體、文化、與國家認同各個層面的問題。這個會議是由許倬雲教授首先倡議的。他由蔣經國國際學術交流基金會申請到經費，由中文大學的人文學科研究所與美國北卡羅萊那州的國家人文中心合作，開一個小型的國際會議，進行有關認同問題的探索。為什麼要選擇到香港來開會呢？這是因為香港居民大多數是華裔，長期受到殖民地的統治，華洋雜處，英文是法定語言，而九七大限將臨，香港即將回歸祖國，認同想必成為一個十分尖銳的問題。

事實上也的確如此，香港在大陸陰影的籠罩之下，卻缺乏與大陸的認同感。此所以中英談判確定大陸將收回香港主權之際，曾經引發洶湧的移民潮，一直到現在為止還是隱藏著暗流，只不過暫時為經濟繁榮的表象掩蓋下去而已！有辦法的人士人人都準備了太平門，隨時可以離開香港。也有一些人回流，造成香港一個很特別的現象，就是「太空人」（太太不在香港的人）特多。這些人並不認同大陸，只是為了有發展事業與賺錢的機會才留下來。估計到九七附近，還會有提早退休與移民的小浪潮。

這次會議總共提交了十幾篇論文，還組織了幾次座談（workshop），內容包涵至廣，涉及方法論、哲學、歷史、文學、人類學、比較研究各方面的問題。由於這是一個跨科系的會議，議題不容易集中，而各人的專長不同，沒法子作深入而細緻的探索。但這本不是這一個會議的目標，它的設計正是要大家跳出個人專業的範圍，接觸一些平時接觸不到的東西。

在三天的會議之中，大家都學到了不少東西。譬如人文中心邀約的學者大多是歷史學家，他們追溯了希臘、巴爾幹、法國、南非的案例，讓我們清楚地了解到國家認同其實是極為後起的觀念。

華裔學者則指出，中國傳統向來只有文化認同的觀念，缺乏國家認同的觀念。我們也討論到港臺認同等極為敏感的議題。論文以英文發表，將由美國方面編成論文集發表。部分論文將譯為中文，也會編成文集發表。

一九九四、十一、六

自我認同的追尋

我自己對認同會議有興趣，是因為我一生所追求的，在一義下就是找尋自我認同問題的答案。「我」究竟是什麼？生命的意義是什麼？再把問題擴大，還要追問，國家、民族、文化的意義究竟是什麼？而對這些問題的探索，恰好是會議的主題，所以我把自己歷年反思所得到的一些成果，用提綱挈領的方式寫出一篇文章，提交給大會。在文中我一開始就敘述了我學哲學的背景。

一九四九年五月，共軍包圍了上海，去外地唯一可用的交通工具是飛機。正好在銀行做事的大堂姊的同事有兩張機票要退票。父親當機立斷，讓堂兄冠先和我兩個不到二十歲的青年，南下到廣州，等了兩個月的入境證，坐船到臺灣，繼續我們的學業。在甲板上看海浪翻騰，我不明白自己活著究竟是為了什麼，也不明白國家民族文化的前途究竟是什麼，就隱隱然決定了自己一生要走的方向。讀了兩年中學之後，我以第一志願考進臺大哲學系。父親與我通信，擔心我將來連自己的生活都沒法子維持。但我除了哲學之外，任何其他學科都不要唸，這樣就決定了我一生的命運。

當時有理想的青年人多為革命的浪潮所席捲，我也痛恨社會不平、貧富不均、民不聊生的現象。但是我決定不做行動人，因為我感覺到，即使革命成功，社會的財富重新分配，也不過多了一些像我這樣的中產階級，依然不明白自己究竟活著是為了什麼。這樣我決定做觀念人。我學哲學並不是為了要做一個哲學研究的學者。我要把古今中外的哲學都涉獵一番，看看能不能找到滿足我的答案，為世界、國家民族文化的未來探索到一條出路。於是我把自己的激情完全冰凍起來，廢寢忘食，遊心於玄遠的哲學觀念的領域之內。

我少年時的狂想雖然不切實際，但卻為我打下了哲學的良好基礎。我先探索觀念的源頭，學習了中國、西方、與印度哲學史。然後又專攻現代西方哲學，看看它們可以為我們提供怎樣的線索。此所以我早年的著作是以現代西方哲學的研究與反省為主。但我西方哲學涉獵越多，越強烈地感覺到中國哲學的呼喚，於是回歸到自己的傳統來尋覓自我的認同。

一九九四、十一、十三

雙重認同的體認

西方哲學的觀念豐富新穎，五光十色，簡直叫人目不暇接，但絕少給人安立之效。對現代西方哲學影響最大的三個人：尼采、馬克思、佛洛伊德分別把權力意志、經濟、性推到了極端的地步，精彩而偏激。我年輕時最流行的兩個潮流：分析哲學與存在主義，雖然在方法與體驗上給了我很大的衝擊，卻不能使我滿意。邏輯實徵論完全割裂了知識與價值，不能為信仰找任何理據；沙特則割裂了實存的個體與普遍的原則，宣稱上帝已死，而鋸斷了與超越的關聯。現代科技商業發達，卻無法抵擋虛無主義的侵襲，青少年自殺的事件時有所聞，即是一個徵象。

中國傳統文化未能產生現代的科學與民主，誠然是有所憾，應當誠心向西方學習，謀求改善之道。然而中國傳統一向關注安心立命之道，所蘊蓄的智慧卻非西方所及。西方自中世紀以後，在上帝的卵翼之下，對於生命意義的問題根本無須思索，但到現代，正如德國詩哲荷德林所謂，上帝隱退，於是出現了一個無法填補的黑洞，令人焦慮戰慄，無所適從，這恰正是存在主義為我們所描繪的人的情狀。

人活著究竟為了什麼？名利、權勢？到頭來不免一場空。先秦道家莊子在這裡展示了極深的智慧。我們要是只爭眼前，那麼此一是非，彼一是非，永無解決爭端之道。但如我們不把自我的認同限制在眼前這一具臭皮囊上，明白方死方生，方生方死的道理，與道認同，自然而然能夠得乎圜中以應無窮。

打個比方來說，如果我們執著圓周上的一點，以之為是，自然無法超越是非的爭端。但若我們由這一點畫一條線與圓心相連，由圓心的觀點來看，則是非相對，生死輪轉，道通為一，始可以免朝三暮四、朝四暮三之譏。然而認同於道並不是要否定對我們的特殊的個性的認同，郭象注莊就特別強調獨化境界的體認。井蛙之見固然不足為訓，但在另一方面，小鳥也不必去羨大鵬，各適其所，這才是真正的逍遙遊。我一方面認同於道，另一方面也認同於自己的個性，率性自然，這是通過創造的解釋對於莊子「兩行之理」的發揮。

一九九四、十一、二十

傳統「兩行之理」的闡發

莊子有很深的智慧，他在〈齊物論〉講「兩行之理」從來沒有確解。通過創造性的闡釋，我把它解釋成為「超越」一行，「內在」一行。一方面認同於道，超越人間是非、善惡、美醜的相對領域，隨順自然，不把一管之見誤當作絕對真理，以致妄生穿鑿，煩惱自苦。但在另一方面卻又無須否定自己的個性，勉強自己變成不是自己的東西，而應該各適其適，與時俱化。這樣超越、內在兩行兼顧，而達致一種天人合一的境界。我近時覺得，兩行之理是我們的傳統文化孕育的甚深智慧，它不只體現在道家的哲學之中，也貫串在佛家與儒家的哲學之內。佛教由印度傳入，中國人不接受原始佛教的他世傾向，以之為小乘，吸引中國人的是大乘佛教的思想。三論宗講真俗雙融，由真諦（超越）的觀點看，萬法皆空，由俗諦（內在）的觀點看，則接受方便設施，隨緣安住。這樣中國佛教致力於宏揚中道，不落兩邊，同樣體現了兩行之理，與道家思想可以「格義」，彼此有相通處，此處不及深論。

儒家思想一般以為只是俗世倫理，只關心內在一面，當代新儒家力斥其非。指出孔子一方面畏天（超越），另一方面又說「人能弘道，非道弘人」（內在），己立立人，己達達人，同樣體現了兩行之理。而我雖然欣賞道佛的智慧，卻始終感到有不能令人深心滿意的地方，因為它們都不能正視人文創造的方面。

而儒家的《中庸》、《易傳》，在這方面卻有充分的闡發，所以我才抉擇儒家為我自己的終極關懷。《中庸》講天命之謂性，只要把我們的至誠發揮出來，即可以參天地贊化育，《易傳》則闡發「生生之德」的道理，最能圓滿而健康地體現天人合一的境界。宋儒正是繼承了這一條線索而集中加以大大的發揮。程明道一方面能夠體證到超越的消息，所以才說天道常存，不為堯存，不為桀亡，即堯舜事業也不過如一點浮雲過太空，另一方面卻又重視當下，正心誠意，一切由方寸之地做起。只有對於兩行之理有深刻的體驗，才能寫出張載〈西銘〉那樣的大文章，結語謂「存吾順事，歿吾寧也」，而以儒家的方式勘破了生死問題的意義。

一九九四、十一、二十七

個體、國家與文化的認同

從儒家的觀點看，正如宋儒所謂，必須「存天理，滅人欲」。滅人欲並不是要人棄絕所有的欲望，只是要人不可順軀殼起念，為私欲所宰制。人坐在利欲膠盆中，表面上所作所為都是為了自己，其實是迷失了本心，喪失了自己。自我必須認同於道，克己復禮，才能夠得到真正的自我實現，這裡面包含了一個很深的弔詭。但認同於超越的道理，並不是要人不重視當下的現實。恰恰相反，儒家要人修己安人，恰恰就是要從當下做起。這樣儒家在內在與超越之間取得了平衡。儘量發揮自己本有的仁心與生力，為創造文明而努力，衝破種種外在的阻礙，知其不可而為，必要時甚至願意殺身成仁，捨身取義，而不會太在意一時的榮辱。但儒家用心最深處畢竟在於平時的教化，所嚮往的是致悠久和平之道。儒家不是靠兵刃，而是靠教育征服了東方世界，建造了偉大的文明。

然而正因為儒家有廣被而長遠的影響，不免產生了種種流弊與誤解，到了現代乃變成了被攻擊的目標，其實有許多不良的後果是由不了解儒家的精義而起，不能不在此略加辨正。譬如說，一般流行的誤解認為儒家只重視群體，不重視個體的觀念。這樣的說法把儒家的義理恰好顛倒了過來。儒家傳統講內聖外王，必定由個體講起，《大學》就明言，「自天子以至於庶人，壹是皆以修身為本。」儒家只是反對極端的個人主義而已！古代中國並沒有現代的國家觀念，孔孟周遊列國，表示他們並沒有狹隘的國家主義思想，也沒有黑格爾那樣把國家看作一個有機整體，超越個人的思想。道是人的終極關懷，邦國只能是第二義的東西，我們有自由選擇我們對國家的認同。應用到現代的情況，我們可以有自由選擇我們的國籍，不必愚忠於任何一個現實的國家。

文化的認同顯然又與國家的認同不一樣。文化是長期積累的結果，內容也不斷有變化。個體受到長期薰染的結果，並不是那麼容易拋棄從小培養成的習慣。事實上即使個體選擇了另一個國籍，也不必棄絕自己的文化認同。此所以「文化中國」不必一定只實現在本土，也可以實現在海外的華人乃至外國人身上。只要他們認同於中國文化。

一九九四、十二、四

李澤厚與中西哲學

李澤厚在大陸哲學界是一位十分特別的人物，他的思想敏銳，往往得風氣之先，在大陸有廣泛的影響力。譬如說，他在馬克思主義的陣營中，首先注意到主體性的問題；他也率先作有關當代新儒學的討論；他把自然人化的觀念用到美學方面，並提倡華夏美學的研究；他有關啟蒙與救亡的雙重變奏的看法，更引起了劇烈的爭辯。很多青年人受到他的思想的啟發，但他也受到左右兩方面的猛烈的攻擊。幾年以前，僵化派說他是資產階級自由化的思想庫，西體中用說是把西方思想用在中國，而救亡壓倒啟蒙是貶低毛主席的歷史地位。這簡直是想把他一舉置於死地，八九民運後一度他受到很大的壓力，海外知識界費了大勁才幫助他出國，現在柯拉羅多學院執教。而激進派如劉曉波則斥他為今之孔子，一樣要清算他的思想。

海外學者對他的評價有同樣的兩極化的傾向。傅偉勳譽他為大陸四大青年導師之一，勞思光在威斯康辛與他談康德，彼此之間完全缺乏觀念上的溝通。我自己是在一九八二年夏威夷的國際朱熹會議上認識他的。由於他基本上仍持馬克思主義的立場，我從不認為他真正理解當代新儒家。故當他被攻擊為當代新儒家時，我感覺到極為詫異。在《九十年代》給我的訪問中，我即為他辯正，一個對當代新儒家沒有相應理解的人怎麼可能是當代新儒家呢？他所謂西體中用是以西學（包括馬克思的辯證唯物論思想）為體，應用在中國的土壤上。這是完全不違背中共官方立場的，卻不是海外的當代新儒家所可以接受的思想。傳聞說他現在有放棄唯物論的傾向，但也有人說他仍堅持馬克思主義的立場。

從純學術的觀點著眼，海外學者都覺得他的東西失之於鬆散，不夠嚴謹，對於中西哲學的理解與詮釋是有問題的。但他自己也不諱言，他的初衷並不是要做一個專家學者，而是要走他自己的路，發展他自己的睿識，對於時代有所影響。他這樣的目標是達到了的。最近青年學者顧昕著書討論他的思想，一方面承認其影響力，另一方面加以嚴格的批判，認為他的思想架構其實是黑格爾式的，接不上現代西方的思想。年底他將應聘到中文大學新亞書院來做龔氏學人並參加第三屆當代新儒學會議，屆時希望他能夠解開有關他的思想所提出的許多疑問。

一九九四、十二、十一

第三屆當代新儒學會議

第一屆當代新儒學國際學術會議四年前在臺北召開，當時頗有一番盛況，開幕時牟宗三教授演講，中央圖書館的大演講廳擠滿了人，如今會議論文集三卷已經出版多時。第二屆會議也於兩年前在臺北召開，當時主事人即表示強烈的願望，亟盼第三屆會議在九七之前到香港來開會。很坦白的說，我對於這樣的可能性並不感到樂觀。辦大型的國際會議，我們哲學系的人手不足；在香港開會，有很多臺灣的經費拿不到；而香港並沒有臺北那麼多年輕人喜歡到學術會議去聽講；這些都是不利於在香港開會的條件。但經過兩年的籌備，這個會議終於將在十二月二十八日至三十日在中文大學召開，不能不令人感到欣慰。籌備事務繁多，我自己僅只是掛個名，主其事者是教育學院的李瑞全博士，結合了一批香港學者群策群力，使得夢想成為事實。這個會議的規模自不能與臺北相比，但屆時也會有一番盛況，殆可斷言。

這次主辦機構除哲學系外，有鵝湖月刊社、東方人文學術研究基金會、中國哲學研究中心。主要的經費由李祖原先生捐助，本港的贊助機構包括新亞書院明裕基金、王寬誠教育基金等，其餘不及備載，均會在開會時加以聲明。我們開會僅只有純粹的學術目的，感謝各方給與我們物力與人力的資助，才能使我們完成這一個高質素的討論當代新儒學的國際學術會議。

這次總共要宣讀六十多篇論文，除兩岸三地的專家學者將在中大互相交流切磋學問之外，我們還請到好幾位國際知名的學者來與會，像艾愷（Guy Allto）、安樂哲（Roger Ames）、白詩朗（John Berthrong）等，華裔知名學者則有杜維明、成中英、唐力權、李澤厚等，另外還有少數來自韓國、新加坡、澳洲的學者。我們的會議固然希望能夠突出儒家的理想，但絕對不是一些浮誇空洞的讚詞。我們所作的是嚴肅的學術工作，也包括對於儒家思想嚴厲的批評與檢討，更不容許把它當作現實工具來利用。總之我們會有一個十分多元化的有關新儒學研討的國際學術會議。

一九九四、十二、十七

當代儒學發展的新契機

第三屆當代新儒學國際學術會議將於二十八日在中文大學開幕，邀請我擔任主題演講，這是我的殊榮，我將由時代、方法、形上、踐履四個角度來談一談當代儒學發展的新契機。中國傳統由漢代開始，兩千年來一向以儒家為主導思想。然而到了現代，西潮疾捲，來勢洶湧，不可抵擋，打倒孔家店的口號響徹雲霄，共產黨的勝利決不是偶然的。大陸易手之後，當代儒學者頓成花果飄零之勢。少數幾個懷抱傳統理想的知識分子被迫流寓港臺海外，本著孤臣孽子的心情力抗時流，講學不輟。那知近半個世紀過去，不只當代新儒學在國際上成為一個備受注目的有活力的思潮；連大陸都把它當作一個國家的重點項目來研究，這可以說是時代提供了當代儒學發展的新契機。一反文革時代批林批孔、揚法抑儒的趨勢，今日大陸急於向有儒家背景的日本與四小龍學步，步向現代化的目標，也希望借助於儒家倫理的恢復，來抑制一切向錢看的潮流。這樣的夢想雖不必能夠實現，卻至少見證了儒家思想對現代文明的相干性，不容加以忽視。

當代儒學受到西方思想的衝擊，早已不株守傳統的畛域，而在方法上不斷翻新，以現代的方式為傳統的睿識作出新的詮釋。譬如唐君毅與牟宗三，在乃師熊十力吸收了佛學的睿識以改造傳統中國哲學之後，又採用了黑格爾與康德的概念與方法來重新闡述中國哲學，獲得了豐碩的成果。現代西方是一個方法的世紀，新方法層出不窮，分析哲學、現象學、解釋學、乃至解構論，都可以用來闡發傳統的睿識而呈現了新的異彩。但當代新儒學並沒有一切唯西方之馬首是瞻。現代西方多鄙棄形上學，當代新儒家卻要重建形上學。但依中國哲學睿識重新建構的形上學，並不是希臘式的實有形上學，而是境界形上學。這裡涉及的問題日趨精微，還需要作進一步的探索。最後談儒家自不能離開踐履。當代新儒家已放棄了傳統直貫的踐履方式，而採取曲通的方式。這樣才能與現代西方的科學民主接通，而打開一個傳統未能夢見的新世界。

一九九四、十二、二十五

三民叢刊書目

㉔臺灣文學風貌　李瑞騰著
㉕干儛集　黃翰荻著
㉖作家與作品　謝冰瑩著
㉗冰瑩書信　謝冰瑩著
㉘冰瑩遊記　謝冰瑩著
㉙冰瑩憶往　謝冰瑩著
㉚冰瑩懷舊　謝冰瑩著
㉛與世界文壇對話　鄭樹森著
㉜捉狂下的興嘆　南方朔著
㉝猶記風吹水上鱗
・錢穆與現代中國學術　余英時著
㉞形象與言語
・西方現代藝術評論文集　李明明著
㉟紅學論集　潘重規著
㊱憂鬱與狂熱　孫瑋芒著
㊲黃昏過客　沙　究著
㊳帶詩蹺課去　徐望雲著
㊴走出銅像國　龔鵬程著
㊵伴我半世紀的那把琴　鄧昌國著
㊶深層思考與思考深層
・轉型期國際政治的觀察　劉必榮著
㊷瞬　間　周志文著
㊸兩岸迷宮遊戲　楊　渡著
㊹德國問題與歐洲秩序　彭滂沱著
㊺文學關懷　李瑞騰著
㊻未能忘情　劉紹銘著
㊼發展路上艱難多　孫　震著
㊽胡適叢論　周質平著
㊾水與水神
・中國的民俗與人文　王孝廉著
㊿由英雄的人到人的泯滅　金恆杰著
51 重商主義的窘境
・法國當代文學論集　賴建誠著
52 中國文化與現代變遷　余英時著
53 橡溪雜拾　思　果著
54 統一後的德國　郭恆鈺主編

55愛廬談文學 黃永武著
56南十字星座 呂大明著
57重疊的足跡 韓 秀著
58書鄉長短調 黃碧端著
59愛情・仇恨・政治 朱立民著
・漢姆雷特專論及其他
60蝴蝶球傳奇 顏匯增著
・真實與虛構
61文化啓示錄 南方朔著
62日本這個國家 章 陸著
63在沉寂與鼎沸之間 黃碧端著
64民主與兩岸動向 余英時著
65靈魂的按摩 劉紹銘著
66迎向眾聲 向 陽著
・八〇年代臺灣文化情境觀察
67蛻變中的臺灣經濟 于宗先著
68從現代到當代 鄭樹森著
69嚴肅的遊戲 楊錦郁著
・當代文藝訪談錄
70甜鹹酸梅 向 明著
71楓 香 黃國彬著
72日本深層 齊 濤著
73美麗的負荷 封德屏著
74現代文明的隱者 周陽山著
75煙火與噴泉 白 靈著
76七十浮跡 項退結著
・生活體驗與思考
77永恆的彩虹 小 民著
78情繫一環 梁錫華著
79遠山一抹 思 果著
80尋找希望的星空 呂大明著
81領養一株雲杉 黃文範著
82浮世情懷 劉安諾著
83天涯長青 趙淑俠著
84文學札記 黃國彬著

⑧⑤ 訪草（第一卷）

陳冠學 著

本書是作者於田園生活中所見所感之作，內有田園畫，有家居圖，有專寫田園聲光、哲理的卷軸。喜愛大自然田園清新景象的讀者，將可從中獲得一份未曾預期的驚喜與滿足；另有一小部分有關人性與人生哲理的文字，則會句句印入您的心底。

⑧⑥ 藍色的斷想

・孤獨者隨想錄

A・B・C全卷

陳冠學 著

本書是作者暫離大自然和田園，帶著深沈的憂鬱面對人世之作。一路上你將有許多領略與感觸，時或有天光爆破的驚喜；但多數時候，你的心頭將披著一襲輕愁，甚或覆著一領悲情。這是悲觀哲學，卻是被熱情、關心與希望融化了的悲觀哲學。

⑧⑦ 追不回的永恆

彭歌 著

本書是《聯合報》副刊上「三三草」專欄的結集。作者以其犀利的筆鋒，對種種社會現象痛下針砭，冀望這些警世的短文，能如暮鼓晨鐘般，在這變亂紛乘的時代，起著振聾發聵的作用。

⑧⑧ 紫水晶戒指

小民 著

俗世間的珍寶，有謂璀燦的鑽石碧玉，有謂顯榮的列鼎封侯。其實生活就是人生最美的寶物，不假外求。非常喜愛紫色的小民女士，以她一貫親切、自然的文筆，輯選出這本小品，好比美麗的紫色禮物，要獻給愛好文學也愛好生活的您。

⑧⑨心路的嬉逐

劉延湘 著

本書筆調清新幽默，論理深刻而又能落實於生活踐履。走一趟作者精心安排的「心路」之旅，您將莞爾一笑，心情頓時開朗。而您也將發現，原以為只是一條山間小路，結果卻是風景優美，鳥語花香的舒坦大道。

⑨⓪情書外一章

韓 秀 著

情與愛是人類謳歌不盡的永恆主題，它為空虛貧乏的現代生活加添了無數的色彩。本書記錄下了作者在日常生活中感受到的親情、愛情、友情及故園情，在書中點滴的情感交流裏，在這些溫馨的文字中，我們是否也能試著尋回一些早已失去的東西。

⑨①情到深處

簡 宛 著

本書是作者旅美二十五年後的第二十五本結集。身為一個教育家，作者以其溫婉親切的筆調，寫出篇篇充滿溫情的佳構，不惟感動人心，亦復激勵人性。將愛、生活與學習確實的體驗，真正感受到人生的有情，生命也因此生意盎然。

⑨②父女對話

陳冠學 著

一位老父與五歲幼女徜徉在山林之間，山林蓊鬱，山泉甘冽，這裏自有一份孤獨的甘美。本書是記述作者父女在人世僻靜的一個角落，過著遺世獨立生活的文字畫。舉世滔滔，這應是一面明鏡，堪供讀者對照。

⑨③陳冲前傳

嚴歌苓 著

在好萊塢市場，多少人一夜成名直步青雲，又有多少人一朝雲中跌落從此絕跡銀海。身為一個中國人，陳冲是經過多少的奮鬥與波折，身為一個聰慧多感的女子，她又是經過多少的心路激盪，才能處於這洶湧波滔中。本書將為您娓娓道出陳冲的故事。

⑨④面壁笑人類

祖慰 著

本書是有「怪味小說派」之稱的大陸作家祖慰，在巴黎面壁五年悟得的佳構。他的散文神遊八荒，情貫萬里，將理性的思惟和非理性的激情雜揉一起。讀其作品既能吸收大量的科普知識，又可汲取其飄逸文風的美感享受。

⑨⑤不老的詩心

夏鐵肩 著

夏先生一生從事文化工作，大半心力都用在鼓勵培植有潛能的青年人，助他們走上文學貢獻之路。而他本身亦創作出不少的長短佳文。本書收錄計有：詩詞小品、散文、方塊評論等。作者一顆不老的詩心，洋溢在篇篇佳構中。

⑨⑥雲霧之國

合山 究 著

使中國風土之特殊性獨具一格的，與其說是天地的廣大，不如說是因塵埃、雲煙等而為之朦朦朧朧的自然空間吧！精氣、神仙、老莊、龍、山水畫、奇書等，其產生是有如何玄妙的根源啊！就以「雲霧」為起點，讓我們一起走進這美麗幻夢般的世界。

⑰北京城不是一天造成的

喜樂 著

打從距今七百五十多年前開始，北京城走進歷史的繁華紛亂。現在，且輕輕走進史冊中尋常百姓的那頁，一盞清茶、幾盤小點，看純中國的插畫、尋純中國的足跡。由博學多聞的喜樂先生做嚮導，就讓你我在古意盎然中，細聆歲月的故事。

⑱兩城憶往

楊孔鑫 著

霧裡的倫敦、浪漫的巴黎，除此之外，這兩城你可還留有其他印象。本書是作者派駐歐洲新聞工作二十多年的記錄。透過作者敏銳的筆觸，且讓讀者徜徉在花都、霧城的政經社會、文化藝術、風土人情以及歷史背景中。

⑲詩情與俠骨

莊因 著

一顆明慧的善心與真摯的情感，經過俠骨詩情的鑄煉，將生活上的人情世事，轉化為最優美動人的文句，呈現出自然明朗灑脫的風格。文學對於作者而言，不僅是興趣，更是他的生命，但他不泥古而創新，在其文章中俯首可拾古典與現代的完美融合。

⑳文化脈動

張錯 著

「我是一個文化悲觀者，因為我個人一直堅持某種希臘式的古典禮範，而這種文學或文化古典禮範，已日漸有如夫子當年春秋戰國的禮崩樂壞。」作者就是以這顆悲憫的心，用詩人敏銳的筆觸，深刻而熱切的批判著臺灣的文化怪象。

⑩① 桑樹下

繆天華 著

本書是作者在斗室外桑樹蔭的綠窗下寫就的小品散文。作者試圖在記憶的深處，尋回那些感人甚深的、發人深省的，或者趣味濃郁的人文逸事，不惟激勵讀者高遠的志趣，亦能遠離消沈、絕望的深淵。

⑩② 牛頓來訪

石家興 著

本書為作者三十多年來從事科學工作的心情寫照，包括思想、報導、論述、親情、遊記等等。文中處處流露出作者對科學的執著與熱愛，及超越科學之外的人文情懷，篇篇清新雋永，理中含情，情中有理，為科學與文學的結合，作了一番完美的見證。

⑩③ 深情回眸

鮑曉暉 著

作者生長在一個顛沛流離的時代，雖然歷經千辛萬苦，但行文於字裏行間，卻不見怨天尤人；有的只是對以往和艱苦環境奮鬥的懷念及對現今生活的珍惜，以及世間人事物的觀照及關懷。做為一本懷舊之作，或是清新的生活小品，本書皆為上乘之作。

⑩④ 新詩補給站

渡　也 著

你寫過新詩嗎？你知道如何寫一首具有詩味的新詩？本書是由甫獲得「創世紀四十周年創作獎」的詩人兼詩評論家渡也先生，深入而精闢的剖析一首新詩的形成過程，指導初學者從如何造簡單句到如何寫出一首詩，是一本值得新詩愛好者注意的書。

⑩⑤ 鳳凰遊

李元洛 著

一生從事古典與現代詩論研究的大陸學者李元洛先生，如何在放下嚴肅的評論之筆，轉而用詩人細膩的筆觸，摹寫山水大地的記行，以及人生轉蓬的寄悵，書中句句是箴語、處處有真情，值得您細品。

⑩⑥ 文學人語

高大鵬 著

忙碌的社會分散了人們的注意力、淡化了人們對身旁人事物的感情，任由冷漠充填在你我四周……而本書的作者以感性的筆觸，表達了自己對身旁人事物的真心關懷，以平實的文字與讀者分享所遇所感，無疑是給每個冷漠的心靈甘霖般的滋潤。

⑩⑦ 養狗政治學

鄭赤琰 著

身處地理、政治環境特殊的香港，作者藉由動物的百態來反諷社會上種種光怪陸離的政治現象，在其輕鬆幽默的筆調背後，同時亦蘊含了嚴肅的意義。這一則則的政治寓言，讀之不僅令人莞爾一笑，更具有發人深省的作用，批判中帶有著深切的期盼。

⑩⑧ 烟塵

姜穆 著

作者是一位出生於貴州的苗族人，卻意外的捲入戰爭。在臺娶妻生子後，所抒發對戰亂、種族及親人的真誠關懷。內容深沈、筆觸清新，充分顯露在生活的烈焰煎熬下，早已視一切如浮雲，淡泊名利，將其一生的激越昂揚盡付千里烟塵中。

⑽ 河　宴

鍾怡雯　著

人間繁華的請柬處處，不如赴一場難得的野宴。聽一回水的演奏、看一場山的表演，再來細細品味鍾怡雯為您端出來的山野豐盛清淡的饗宴——極盡可口的綠、十分道地的藍，以及不加調味料的白。

⑾ 滬上春秋

章念馳　著

章太炎，這位中國近代史上的思想家、政治家，曾因領導戊戌變法失敗而流亡海外。他雖是浙江餘姚人，卻有大半輩子的歲月是在上海度過。

本書是由章太炎的嫡孫章念馳先生，從家族的口述和史料中，完整的敘述章太炎的這段滬上春秋。

⑾ 愛廬談心事

黃永武　著

每個人心中都有一枝彩筆，然而在趕遠路、忙上班的歲月裏，枕頭上的日升月降中，像拋來擲去的跳丸，彩筆就這樣褪去了顏色……

本書作者在辭去沈重的教職和繁雜的行政工作後，重拾心中的彩筆，為您宣說一篇篇的文學心事。

⑿ 吹不散的人影

高大鵬　著

時代替換的快速，不知替換了多少人生舞臺上出現剎那的面孔；而人類，偏又是最健忘的族群。本書中所收錄的文章，均是作者用客觀的筆，為曾替人類社會或文化默默辛勤耕耘的「園丁」們，做最真實的文字記錄。

⑪③ 草鞋權貴

嚴歌苓 著

曾經叱吒風雲的老將軍，是程家大院的最高權威，九個承繼他刁鑽聰明的兒女，則個個心懷鬼胎……一個來自鄉下的伶俐女孩，被命運的安排，走入這權貴世家。威權的代溝、情份的激盪、所有內心的驕傲與傷痛，這會是怎樣的衝突，怎樣的一生？

⑪④ 是我們改變了世界

張放 著

從事文學藝術的工作者是「人類靈魂的工程師」。如果作家不能提高廣大讀者的精神生活品質，而僅為娛樂人心、滿足人們的好奇和刺激，那麼與馬戲團的小丑或兜售春藥的小販何異？故而作者不禁要問：是我們改變了世界，還是世界改變了我和你？

⑪⑤ 夢裡有隻小小船

夏小舟 著

日本人參加婚禮愛穿黑色、日本料理味輕單調、日本人性格分ＡＢＣＤ、還有情書居然可以賣……於日本教書的大陸作家夏小舟，在本書除了告訴你作者旅日的見聞趣事外，也且隨她乘坐那夢裡的小小船，航行向那魂縈夢遷的故國灣港中。

⑪⑥ 狂歡與破碎

林幸謙 著

你可曾聽過溯河魚的傳統？憑著當初離開河源的記憶，激勵著牠們回到了河川盡頭的故鄉。寧願冒著生命的危險，也不願成為溫暖海洋中的異鄉客。

本書作者由溯河魚的傳統，引入海外華人的悲調，一種狂歡與失落、破碎而複雜的心靈面貌。

⑪⑦ 哲學思考漫步

劉述先 著

同樣的環遊世界旅行，企業家看到的是廣大的市場和商機；觀光客沈迷的是風景名勝和購物；文人墨客則歌詠人類史蹟與造物的奧祕。而哲學家呢？本書作者以其敏銳的邏輯思考，在具體的形象世界中悠遊漫步。期待您經由本書而拓寬自己的視野。

⑪⑧ 地鼠與玫瑰

水晶 著

地鼠營巢於地下，專喜啃噬花草植物的根莖。而玫瑰是酷愛陽光的美人，有潔癖，不能忍受穢物……本書作者從事寫作近四十年來，筆墨蘸盡世間人情冷暖，猶然孜孜不倦的寫作。揮灑於字裡行間的，是一種識盡愁滋味後卻道天涼好個秋的豁達心境。

⑪⑨ 紅樓鐘聲

王熙元 著

文學博士王熙元教授，多年來一直不能忘情於散文的寫作。他的散文清新而感性，談生活點滴，筆端真情流露；論人生哲理，則深入淺出，發人深省。此外剖析文學之美，或回憶個人成長、求學的心路歷程，亦多令人有所啟發，值得一讀。

⑫⓪ 寒冬聽天方夜譚

保真 著

本書為「青副」專欄「靜夜鐘聲」的結集。作者將其對生命與同胞的熱愛、執著，用感慨深邃的筆調，表現於一篇篇的短文中，告訴我們現今的臺灣與中國，需要我們付出什麼樣的關懷。在這些簡短的文字中，希望也能燃起我們一絲對民族的熱情。

⑫① 儒林新誌

周質平　著

本書是旅美普林斯頓大學周質平教授，將其多年在國內外的華文報章上所發表的四十多篇論述雜文結集成冊。書中呈顯出所謂海外學人的千般樣態，嘲諷中不失幽默，值得您細心體會。

⑫② 流水無歸程

白　樺　著

大陸知名作家白樺繼《哀莫大於心未死》之後又一本長篇小說。他的書取材是當代的，是改革開放後大陸所面臨的經濟文化與人慾的衝擊。書中的人物如高幹、富商、少女、情婦、歌星等，在金錢的誘惑下，一一呈顯出深沈黑暗而扭曲的人性面。

國立中央圖書館出版品預行編目資料

哲學思考漫步／劉述先著.--初版.--
臺北市：三民，民84
面；　公分.--(三民叢刊)
ISBN 957-14-2282-7（平裝）

1.哲學-論文，講詞等

107　　　　　　84004660

© 哲學思考漫步

著作人　劉述先
發行人　劉振强
著作財產權人　三民書局股份有限公司
臺北市復興北路三八六號
發行所　三民書局股份有限公司
地　址／臺北市復興北路三八六號
郵　撥／〇〇〇九九九八——五號
印刷所　三民書局股份有限公司
復北店／臺北市復興北路三八六號
重南店／臺北市重慶南路一段六十一號
初　版　中華民國八十四年七月
編　號　S 12098
基本定價　叁元捌角
行政院新聞局登記證局版臺業字第〇二〇〇號

有著作權・不准侵害

ISBN 957-14-2282-7（平裝）